어떤 글쓰기도 만만해지는
# 템플릿 글쓰기

어떤 글쓰기도 만만해지는

# 템플릿 글쓰기

야마구치 다쿠로 지음 | 한은미 옮김 | 송숙희 감수

# 글쓰기 고수들의 비책
## '생각의 틀'을 사용한 글쓰기

1일 1포스트 쓰기, 100일 블로그 포스트 프로젝트……. SNS에 이런 제목을 한 이벤트가 날로 늘고 있습니다. '글을 잘 쓰려면 무조건 많이 쓰는 게 최고다' '생각나는 대로 쓰다보면 잘 쓰게 된다'는 식의 소망적 사고가 낳은 열풍입니다. 이렇게 쓰인 글이 SNS를 도배하고 이런 글에는 서로 주고받은 '주례사댓글'과 '좋아요'가 지천입니다. 이렇게 들뜬 채로 한동안 '무엇이든 일단 쓰다보면' 글을 제법 잘 쓰는 듯 여겨지기도 합니다. 누가 잘 읽어줘서가 아니라, 단지 스스로 그렇게 여길 뿐입니다.

생각나는 대로 그냥 쏟아내는 이런 글쓰기는 참으로 위험합니다. 쓰면 쓸수록 나쁜 습관이 강화되기 때문입니다. 의도한 대로 의식적으로 의미 있는 글을 쓰는 것이 아니라 의식이 흘러가는 대로 글씨를 쓸 뿐이기 때문입니다. 결국 독자와 소통하는 제대로 된 글쓰기와는 점점 멀어지고 맙니다. 이런 습관이 야기하는 위험은 소통의 부진 나아가 생산성과 성과의 하락뿐만이 아닙니다. 일을 못하는 사람으로 낙인찍히기에 더욱 위험합니다.

> 정말 이상하다. 작곡가는 화성과 음악 형태의 이론을 배우고 화가는 색과 디자인에 관해 모르면 그림을 그리지 않고 건축은 기본적인 학력을 요구한다. 단지 누군가가 글을 쓰기로 했을 때 그는 아무것도 배울 필요가 없고 글씨를 쓸 줄 알면 작가가 될 수 있다고 믿는다.

러시아 소설가 이반 투르게네프의 말입니다. 글씨가 아니라 글을 잘 쓰려면 무엇을 배워야 할까요? 태권도를 시작하면 품새부터 배웁니다. 요리를 배우면 칼과 불을 다루는 방법부터 배웁니다. 모든 배움은 이처럼 기본을 몸에 익히는 일부터 시작합니다. 글을 잘 쓰려면 글을 잘 쓰기 위한 기본을 연습해야 합니다. 글쓰기의 기본은 생각을 정리하는 것입니다. 글로써 전달하려는 핵심을 빠르게 전달하여 원하는 반응을 얻어내도록 생각을 구성하는 것입니다.

생각하기가 핵심 직무인 컨설팅 기업들은 신입사원을 뽑으면 그들만이 사용하는 '생각의 틀' 사용법부터 가르칩니다. 이 생각의 틀을 '템플릿'이라합니다. 이것이 억대 연봉자들이 최소한의 자원(생각하기)을 투입하여 최대한의 컨설팅 보고서(아웃풋)를 생산하는 비법입니다. 『템플릿 글쓰기』는 누가 읽어도 핵심이 빠르게 전달되는 글쓰기를 위한 생각의 틀(템플릿)을 사용한 글쓰기를 알려줍니다. 33년간 글쓰기로 밥을 먹어온 저 역시 '논리적으로 생각을 정리'하는 오레오맵이라는 템플릿을 사용하여 글을 씁니다. 20년 가까이 진행해온 글쓰기 코칭과 글쓰기 수업도 이 템플릿 사용법을 중심으로 진행합니다.

이 책에서 알려주는 잘 읽히는 글쓰기가 보장되는 템플릿은 보고서에서 SNS까지, 메신저에서 인트라넷 게시판까지 어떤 글에도 통용됩니다. 특히 열거 형, 결론우선 형, 공감 형 이 세 가지 템플릿을 장착하면 어떤 글쓰기도 만만해집니다. 이 세 가지 템플릿이면 쓰지 못할 글이 없습니다.

열거 형 템플릿은 한꺼번에 전해야 할 정보가 여러 가지일 때 유용합니다. 독자가 스트레스 받지 않고 읽게끔 내용을 구성할 수 있습니다. 결론우선 형 템플릿은 독자가 가장 궁금해 하는 결론을 앞세우고 그에 대한 이유, 근거 등을 제시하여 납득하게 만드는 방법으로 논리 정연한 글을 쓰고 싶을 때 유용합니다. 공감 형 템플릿은 스토리텔링 방식으로 에피소드를 통해 독자와의 공감대를 높일 때 사용하면 좋습니다.

『템플릿 글쓰기』의 가장 돋보이는 장점은 글쓰기에 필요한 다양한 템플 릿을 소개하는 데 그치지 않고 가장 많이 사용되고 가장 효과 높은 3가지 템플릿을 추려 집중적으로 안내한다는 데 있습니다. 쉽게 이해하게끔 많은 예시로 설명하고 잘못된 문장을 수정하여 보여줌으로써 더욱 빠르게 이해하게 합니다. 바로 이 점이 자타가 공인하는 한국대표 글쓰기 코치인 저를 매료시켰습니다.

컴퓨터 프로그램 개발자들은 컴퓨터와 주변 기기를 척척 잘 다룹니다. 요리사들은 조리도구를 가지고 놀 듯 다룹니다. 어느 분야에서든 전문가들은 관련된 설비와 도구를 능수능란하게 다뤄 최고의 성과를 냅니다. 전문가 중에서도 고수는 자기만의 연장이 하나씩 있고 손에 익고 몸에 익은 그 연장 하나만으로 눈부신 결과물을 만들어냅니다. 글쓰기 고수들도 그들만의 비밀 연장이 있는데 이 책에서 소개하는 생각 정리용 3가지 템플릿이야말로 거의 모든 글쟁이들의 비밀 레시피입니다.

생각을 정리하는 일에 능숙하면 유창해지고 그런 다음에는 멋진 생각을 만들어낼 수 있습니다. 이 책에서 설명한 3가지 템플릿이면 당신도 그들만의 비밀 레시피를 장착한 글쓰기 고수가 될 수 있습니다. 아니, 글쓰기로 먹고사는 작가를 꿈꾸어도 좋을 것입니다.

– 송숙희_『150년 하버드 글쓰기 비법』 저자

"글을 쓰는 데 시간이 너무 많이 걸려요!"

"문장을 어떻게 구성해야 할지 모르겠어요."

"글이 쓰고 싶은데 어떻게 시작해야 할지 모르겠어요."

"쓰다보면 글에 두서가 없어요."

"도대체 무슨 말이 하고 싶은 거냐는 말을 종종 들어요."

"솔직히 글 쓰는 것이 너무 힘들어요."

당신도 비슷한 고민을 하고 있지는 않으신가요?

보고서나 기획서 같은 비즈니스 문서를 비롯해 블로그를 포함한 각종 SNS 글쓰기, 이메일, 채팅에 이르기까지 우리는 예전보다 글을 쓸 기회가 훨씬 많아졌습니다. 그런 만큼 글이 마음대로 써지지 않으면 짜증이 나거나 생각을 제대로 전달하지 못해 답답함을 느끼는 일도 늘었습니다.

문제는 '글 못 쓰는 일'이 점점 업무의 효율이나 생산성 하락으로 이어지고 주변 사람들에게도 피해를 끼친다는 점입니다. 또한 오해를 불러일으키는 글을 써서 일을 그르치거나 문제가 생길 수도 있습니다. 신뢰를 잃거나 평판이 나빠지는 결과를 초래하기도 합니다. 따라서 '글 못 쓰는 일'은 공적으로나 사적으로 리스크가 큰 일이라 해도 과언이 아닙니다.

하지만 이제 안심하셔도 됩니다! '템플릿(template 양식 · 생각의 틀)'을 이용하면 글쓰기의 어려움을 즉시 해결할 수 있습니다. 템플릿이란 글의 흐름을 나타내는 '구성 패턴'의 프레임을 말합니다. 다시 말해 '처음에는 A를 쓰고 다음에 B를 쓴 뒤 C를 쓰며 마지막에 D를 쓴다'라는 식의 템플릿 순서대로 글을 쓰기만 하면 당신은 글을 구성하느라 애쓰지 않아도 되고 동시에 좋은 글을 쉽게 쓸 수 있습니다.

책에서 소개하는 템플릿은 다음 3가지입니다.

템플릿 ① 스트레스 없이 읽을 수 있는 '열거 형'
템플릿 ② 설득력이 높아지는 '결론우선 형'
템플릿 ③ 공감대가 생기는 '공감 형'

이 3가지 템플릿만 있으면 당신이 쓰고자 하는 글의 90퍼센트 이상을 커버할 수 있습니다. 아니, 조합과 순서를 재구성하면 거의 모든 글에 대응할 수 있습니다.

이른바 '글 꽤나 쓴다'라는 말을 듣는 사람들은 본인이 의식하든 하지 않든 간에 자신만의 템플릿을 사용해서 글을 씁니다. 그 템플릿은 대부분 이 책에서 소개하는 3가지 템플릿이거나 그것의 변형입니다. 즉, 여기서 소개하는 3가지 템플릿을 마스터하면 적어도 '글을 어떻게 써야 할지 모르겠다'는 상태에서는 벗어날 수 있습니다.

템플릿을 사용해서 글을 쓰면 글쓴이의 개성이 사라지는 것은 아닐까 염려하는 사람도 있을 것입니다. 하지만 그것은 기우입니다. 템플릿을 사용해서 사라지는 개성은 처음부터 '개성'이라고 할 수 없습니다.

템플릿은 글의 흐름을 결정하는 가이드라인에 불과합니다. 템플릿을 사용하면서 거기에 담을 내용이나 언어의 선택, 표현, 문체 등을 고민함으로써 자연스럽게 필자의 개성이 드러나고 매력 넘치는 문장이 만들어집니다. 글의 구성을 템플릿에 맡김으로써 오히려 글쓴이의 개성이 드러나고 내용에 집중하게 되는 것입니다.

템플릿을 사용하지 않고 글을 쓰는 일은 설계도 없이 집을 짓는 일과 같습니다. 제대로 된 집을 지으려면 설계도가 꼭 필요합니다. 템플릿은 당신에게 주어진 설계도입니다. 설계도를 사용해서 글을 쓰면 보다 매력적이고 훌륭한 글이 술술 써집니다. "어머, 글이 이렇게 잘 써지다니!" 하며 깜짝 놀라게 될 것입니다.

당신에게 드리는 선물, '3가지 템플릿'을 받아주시기 바랍니다.

– 야마구치 다쿠로

# 차례

독자에게 어떤 반응을 기대하는가?

독자의 지식수준은 어떠한가?

# '열거 형'으로 스트레스 없는 길 안내를 하자

제3장

## '결론우선 형'으로 상대방을 설득하자

**SNS에서 유용한 꿀팁**

① 많은 정보를 전달하고 싶을수록 정리를 하라!

② 순위 매기기(랭킹 스타일)로 흥미를 유발하라!

③ 베스트셀러 서적에서 배우는 '뇌의 정보처리' 비밀

④ 삼어법을 활용하자

⑤ 3초 안에 시선을 끄는 문장 기술

⑥ 사람들의 감정을 움직이는 카피에 도전하자!

⑦ SNS 글의 최대 가치는 자신만의 개성

⑧ 시비를 가리기 어려울 때는 어떻게 해야 할까?

⑨ 평범한 일상도 스토리를 첨가하면 다채로워질 수 있다

⑩ '재퍼넷 타카타'에서 배우는 스토리 전개 방법

⑪ 의성어 · 의태어를 구사해서 현장감 넘치는 글을 쓰자

# 제1장

# 글쓰기의 구세주,
# 템플릿

음식 만드는 방법을 알려주는 레시피가 있듯이 글쓰기에도

어떤 순서로 어떻게 구성해 써야 할지 알려주는 레시피가 있다.

이 레시피만 있으면 누구나 쉽게 좋은 글을 쓸 수 있다.

# 글쓰기의 정답은
# 템플릿이다

### '자유로운 글쓰기'의 맹점

학교에서 글쓰기를 가르칠 때 대다수의 교사들은 '자신의 느낌을 자유롭게' 쓰도록 지도한다. '템플릿'을 사용해서 쓰게 하는 경우는 거의 없다.

사실 '자신의 느낌을 자유롭게 쓰라'는 말처럼 무책임한 충고는 없다. 왜냐하면 뜨개질을 한 번도 해보지 않은 아이에게 털실과 뜨개바늘을 주며 '마음대로 스웨터를 떠보라'고 주문하는 것과 같기 때문이다. 과연 아이는 스웨터를 잘 뜰 수 있을까?

자유롭게 쓴 문장은 자기만족에 빠진 나쁜 문장은 될 수 있어도 결코 좋은 문장은 될 수 없다. 그래서 사회에 진출해서도 글을 쓰는 일이 버겁고 귀찮아서 어떻게 해서든지 피하려는 사람이 많은 게 현실이다.

어린 시절에 교육받은 자유로운 글쓰기는 문장력을 키우기는커녕 아예 싹을 잘라버리기도 하고 심지어는 콤플렉스를 갖게 하기도 한다.

### 글쓰기에도 레시피가 있다

① 생각나는 대로 쓴다.
② 시계열(時系列) 순으로 쓴다.

이 2가지 방식은 나쁜 문장에서 주로 보이는 경향이다. '생각나는 대로 쓰기'나 '시계열 순으로 쓰기'는 모두 글쓴이에게 편리한 수칙일 뿐이다. 글을 쓸 때 가장 의식해야 하는 것은 '글을 읽는 사람이 이해하기 쉬운 방식'으로 쓰는 것이다.

한 번도 요리를 해본 적 없는 사람에게 재료를 건네주면서 맛있는 음식을 만들라고 해보자. 과연 맛있는 음식이 만들어질까? 이때 필요한 것은 요리를 만드는 방법이 쓰인 레시피다.

글쓰기도 요리와 같다. 아무리 좋은 소재가 있어도 구성하는 방법을 모르면 쓸 수가 없다. 글쓰기가 어려운 사람에게 필요한 것은 문장의 구성 과정을 알려주는 레시피 즉, 템플릿이다.


## '기승전결'의 굴레에서 벗어나자

지금까지 글쓰기에 대해 배운 유일한 레시피이자 템플릿이라고 하면 '기승전결' 구조가 아닐까? 글을 쓸 때는 반드시 '기승전결'에 맞춰 써야 한다고 굳게 믿는 사람들이 꽤 있다.

'기승전결'에 대해서는 여러 가지 해설이 있는데 그중 한 가지를 예로 들어 보자.

---

기(起) : 사실이나 사건을 쓴다.

승(承) : '기'의 내용에 해설을 덧붙인다. 또한 '기'에서 일어난 문제점이나 필자의 감상 또는 의견을 쓴다.

전(轉) : '기'와 '승'과는 전혀 별개의 내용을 쓴다.

결(結) : 전체를 아우르면서 정리한다.

---

이 설명만으로는 기승전결 구조에 대해 아직 잘 모르겠다. 원래 기승전결은 한시(漢詩)를 쓸 때 필요한 시작법(詩作法)이다. 따라서 우리말 글쓰기 작법에 적합하다고 할 수 없다.

즉, '기 → 승 → 전 → 결' 각 파트의 기능이 애매해 각 파트에서 무엇을 쓰면 좋을지 고심하는 사람이 많다. '전'에서 '가급적 이야기를 급전개시켜야 한다'거나 '결'까지 '글쓴이의 결론을 마무리하지 않으면 안 된다'는 등 여러 제약이 따른다. 따라서 일부 학자는 '기승전결' 자체가 논리적이지 않다고 지적하기도 한다.

무엇보다 가장 큰 문제는 글을 빠르게 훑어봐야 하는 초정보화 사회에서는 결론을 마지막으로 돌리는 기승전결 방식이 익숙하지 않다는 점이다. 비즈니스 문서에서는 더욱 그러하다. 결론이 보이지 않는 문장은 '도대체 무슨 말이 하고 싶은 거야?'라는 비난을 피하기 어렵다.

물론 문학이나 예술 분야의 글, 인기 작가나 수필가, 또는 인기 블로거처럼 가독성 있는 글쓰기 기량을 갖춘 경우는 예외다. 그들에게는 지금까지 유익하고 재미있는 문장을 쓰면서 축적한 독자와의 신뢰가 있다. 독자는 자신이 신뢰하는 필자에게는 매우 관대하다.

하지만 이 책을 읽는 당신은 아직 글쓰기의 프로가 아닐 것이다. 그런데 안이하게 '기승전결'을 사용한다면 오히려 비극을 초래할 수 있다. 여기서 말하는 비극이란, 심혈을 기울여 글을 썼는데 아무도 그 글을 읽지 않는 것을 말한다. 글쓴이에게 이것만큼 슬픈 일은 없다.

# 3가지 템플릿만으로
# 충분할까?

스포츠 · 예능 · 업무에서도 '수파리'가 기본

'수파리(守破離)'란 검도나 다도(茶道)를 비롯해 무도(武道)와 예술 분야에서 수행의 단계를 일컫는 말이다. '수'란 스승이나 유파의 가르침 또는 틀, 기본, 기술 등을 충실하게 지키면서 온전히 몸으로 익히는 단계다. '파'란 다른 스승이나 유파의 가르침에 대해서도 생각해보고 좋은 것을 받아들이면서 심기(心技)를 발전시키는 단계다. 마지막으로 '리'는 하나의 유파에서 떨어져 나와 독자적으로 새로운 것을 창출해 확립시키는 단계를 말한다.

이 책에서 설명하는 템플릿은 '수파리' 중에서 '수'에 해당한다.

---

템플릿 ① 스트레스 없이 읽을 수 있는 '열거 형'
템플릿 ② 설득력이 높아지는 '결론우선 형'
템플릿 ③ 공감대가 생기는 '공감 형'

---

이 3가지 템플릿은 적용 범위가 매우 넓고 업무적인 글쓰기를 비롯해 개인적인 글쓰기에 이르기까지 다양한 글을 쓸 때 사용할 수 있다. 글을 쓰는 목적이나 글을 읽는 사람의 반응에 대해서 생각하면서 그때마다 최적화된 템플릿을 선택하면 된다.

# 아무리 좋은 템플릿도
# 사용하지 않으면 의미가 없다

### 템플릿은 3가지만으로도 충분하다

세상에 존재하는 문장 템플릿을 세분화해서 모으면 수십 가지에 이른다. 하지만 아무리 많은 템플릿을 알고 있어도 필요한 순간에 적절하게 사용하지 않으면 아무 의미가 없다. 가장 우려되는 것은 지나치게 많은 템플릿을 알기 때문에 생기는 폐해다. 이것을 쓸까, 저것을 쓸까 혼란을 초래해서 오히려 잘못된 선택을 할 확률이 높다. 중요한 것은 많이 아는 것이 아니라 '적절하게 사용할 줄 아는 것'이다.

이 책에서는 글쓰기에 자신 없는 사람에게 '이것만은 꼭 기억했으면 하는 3가지 템플릿'을 소개한다. 3가지 모두 가장 많이, 가장 널리 쓰이는 최고의 도구다. 이 3가지만 비장의 무기로 잘 장착하고 있으면 어떤 글도 쓸 수 있다.

다시 말하지만 글쓰기를 할 때 이 3가지 템플릿만 기억하면 더 이상 고민할 필요 없다.

### 템플릿 ① 스트레스 없이 읽을 수 있는 '열거 형'

내가 알고 있는 정보를 포인트별로 기술하는 템플릿이다.

「A : 메시지 한 줄 요약→B : 열거 포인트 1→C : 열거 포인트 2→D :

열거 포인트 3→E : 정리」 순으로 쓴다.

복수의 정보를 정리해서 전달할 때 유용하다.

---

**열거 형 문장**

〔A〕 탄산수에는 3가지 장점이 있다.

〔B〕 첫째, 입에 넣었을 때 상쾌하다.

〔C〕 둘째, 과식 방지 효과가 있다.

〔D〕 셋째, 피로 회복 효과가 있다.

〔E〕 탄산수는 심신(心身) 건강에 효과가 있다.

---

탄산수의 장점을 '3가지'로 나누어 열거함으로써 글을 읽는 사람이 정보를 쉽게 받아들인다. 또한 정보가 '아직 구체화되지 않은 덩어리'일 때는 의식적으로 '몇 개의 포인트'로 나눈다. 반대로 정보가 너무 세분화되어 있을 때는 의식적으로 '정보의 통합'과 '정보의 우선순위 정하기(순위가 높은 것부터 쓴다)'를 한다.


템플릿 ② 설득력이 높아지는 '결론우선 형'

가장 전달하고 싶은 포인트에 초점을 맞춰서 글을 쓰는 템플릿이다.

「A : 결론→ B : 이유 및 근거→ C : 구체적인 예 · 상세 내용→ D : 정리」 순으로 쓴다.

글을 읽는 이를 납득시키고 싶을 때 유용하다.

**결론우선 형 문장**

(A) 나는 매일 30분씩 산책을 한다.

(B) 왜냐하면 적당히 땀을 흘리다보면 몸과 마음에 활기가 생기기 때문이다.

(C) 1년 전에 산책을 시작한 후부터 스트레스가 줄고 감기에 덜 걸리게 되었다.

(D) 앞으로도 산책을 계속할 생각이다.

'매일 30분씩 산책을 한다'는 포인트 즉, 결론에 초점을 맞춰서 씀으로써 논리가 명확하고 이야기가 옆길로 샐 위험이 적다.

'이유(몸과 마음에 활기가 생긴다)'와 '구체적인 예(스트레스 감소+감기에 덜 걸린다)'는 '결론(매일 30분씩 산책을 한다)'의 설득력을 더욱 강화하기 위해 필요한 '살 붙이기 정보'다. 계속 읽다 보면 설득력이 높아진다.

템플릿 ③ 공감대가 생기는 '공감 형'

에피소드를 이야기하듯이 쓰는 템플릿이다.

「A : 마이너스 요인→ B : 결정적 계기→ C : 진화 및 성장→ D : 밝은 미래」 순으로 쓴다.

읽는 이의 공감대를 높이고 싶을 때 유용하다.

**공감 형 문장**

〔A〕 나는 지금까지 정리 정돈과는 담을 쌓고 살았다.

〔B〕 이런 나의 가치관을 바꾼 것은 『인생이 빛나는 정리의 마법』이라는 한 권의 책이다.

〔C〕 이 책의 가르침대로 나에게 '설렘을 주는 물건'만 남기고 정리를 하니 주변이 믿기지 않을 정도로 깔끔해졌다.

〔D〕 앞으로도 이 '설렘 지수'에 따라 주변을 정리할 것이다.


정리 정돈을 잘 못하던 사람이 책 한 권을 만나면서 정리 정돈의 달인으로 거듭났다. 발전적인 스토리 라인이 독자의 공감대를 이끌어내는 포인트다. '정리는 이렇게 해야 한다'는 식의 원론적인 접근보다 독자의 마음을 한층 더 움직이게 만든다.

# 템플릿이 유용한
# 또 다른 이유

템플릿의 각 파트가 '자문자답'을 돕는다

글을 쓸 때 스스로에게 질문하고 답하는 '자문자답(自問自答)'은 매우 중요한 요소다. 예를 들어 '내 취미는 영화 감상입니다'라는 문장 뒤에는 '내 취미는 뭐지?'라는 자신에게 던지는 질문이 숨어 있다. '특히 좋아하는 영화는 〈쇼생크 탈출〉입니다'라는 문장 뒤에도 '내가 좋아하는 작품은 뭐지?'라는 질문이 감춰져 있다.

대부분 이런 자문자답은 무의식적으로 이루어지지만 글을 잘 쓰는 사람은 자문자답을 의식적으로 한다. 예리한 질문을 하면 예리한 대답을, 깊이 있는 질문을 던지면 깊이 있는 대답을 이끌어낼 확률이 높다는 것을 알기 때문이다.

한편 글쓰기에 소질이 없는 사람 중에는 자신에게 질문하는 것을 어렵게 생각하거나 방법을 잘 모르는 사람이 많다. 그런 사람에게 템플릿은 무척 고마운 존재다. 왜냐하면 템플릿에는 '스스로에게 던지는 질문'이 자연스럽게 따라오기 때문이다. 가령 결론우선 형의 경우, 'A : 결론→ B : 이유 및 근거→ C : 구체적인 예 · 상세 내용→ D : 정리'의 흐름을 따른다.

여기에서도 알 수 있듯이 글을 쓰는 사람이 해야 할 질문을 템플릿이 대신한다.

자문 1 (A 파트를 쓰기 위한 질문)

→ 네가 쓰고 싶은 결론은?

자문 2 (B 파트를 쓰기 위한 질문)

→ 그 결론의 이유 및 근거는?

자문 3 (C 파트를 쓰기 위한 질문)

→ 그 결론에 관한 구체적인 예는? 자세한 내용은?

자문 4 (D 파트를 쓰기 위한 질문)

→ 지금까지의 내용을 정리해줄래?

이와 같이 템플릿이 알아서 질문을 던진다. 글을 쓰는 사람은 이 질문에 대한 답을 하면서 자연스레 문장 작성에 필요한 재료를 손에 넣을 수 있다.

자문 1 네가 쓰고 싶은 결론은?

대답 1 아이의 언어 능력과 독해력을 키우고 싶은 부모에게 '그림책 읽어주기' 를 추천한다.

자문 2 그 결론의 이유 및 근거는?

대답 2 그림과 언어를 대조해서 읽어줌으로써 아이가 효율적으로 말의 의미를 이해하고 기억하기 때문이다.

자문 3 그 결론에 관한 구체적인 예는? 자세한 내용은?

대답 3 예를 들어 '툇마루에 할아버지가 앉아 있어요'라는 문장이 있을 때 툇 마루를 본 적이 없는 아이는 '툇마루'라는 단어를 이해할 수 없다. 하지

이렇듯 질문에 대한 답을 찬찬히 쓰다 보면 글쓰기에 필요한 재료가 모
인다. 스스로에게 질문하는 것이 익숙하지 않은 사람도 템플릿의 각 파트
가 요구하는 '질문'을 '자문' 대신으로 생각하면 내용이 충실한 글을 쓸 수
있다.

### 글 쓰는 속도가 빨라지고 문장의 질이 향상된다

한 번도 가본 적 없는 곳으로 드라이브를 하려는데 만약 내비게이션이
없다면 어떻게 될까? 아마도 목적지에 도착할 때까지 이리저리 헤매거나
먼 길로 돌아서 갈 가능성이 크다.

글을 쓸 때 내비게이션 역할을 하는 것이 템플릿이다. 이 책에서 소개하
는 템플릿은 각각 4~5개 파트로 구성되어 있다. 각 파트는 내비게이션에
표시되는 '목적지'와 같다. '목적지' 표시를 따라가기만 하면 되므로 운전자
인 글쓴이는 헤매거나 먼 길로 돌아갈 일이 없다. 물론 목적지까지는 최단
거리로 최단 시간 안에 도착한다.

템플릿에는 또 한 가지 큰 메리트가 있다. 글을 어떻게 시작해야 할지
순서에 대해 골머리 앓을 일이 없기 때문에 글을 쓰는 사람은 문장의 내용

에 집중할 수 있다. 즉, 템플릿을 사용하면 글 쓰는 속도가 빨라지는 것은 물론 문장의 질도 높아진다.

한편 템플릿을 모르는 사람은 핸들을 꺾지 않아야 할 때 꺾게 되고 엉뚱한 길로 들어서거나 역방향으로 가는 등 비효율적인 주행을 하게 된다. 최악의 경우 목적지에 도착하지도 못한 채 '횡설수설해서 무슨 말인지 하나도 모르겠다', '무슨 말이 하고 싶은 거지?'라는 말을 듣기도 한다. 가닥을 잡지 못하니 어디로 가야 할지 우왕좌왕하기 때문에 문장의 내용에 집중할 수 없는 것이다. 운전할 때 길을 잃고 헤매면 혼자만 힘들지만 글을 쓸 때 헤매면 자신 이외의 사람, 즉 글을 읽는 독자에게 피해를 준다.

길 안내 역할을 하는 템플릿을 몸에 장착하고 있으면 글을 쓸 때의 기쁨도 배가 된다. 왜냐하면 매번 '어디로 가야 하지?'라며 고민할 필요가 없기 때문이다. 글 쓰는 일이 귀찮거나 글 쓰는 일이 즐겁지 않다고 느끼는 사람이 템플릿을 사용하면 그 고민은 말끔하게 해소된다. 따라서 템플릿은 글을 쓰는 모든 사람이 장착해야 하는 필수 아이템이라고 할 수 있다.

# 템플릿을 사용하기 전에
# 확인해야 할 5가지

글을 쓰는 목적은 무엇인가?

글을 쓸 때는 반드시 목적이 있다.

친구를 술자리로 불러내기 위한 채팅의 목적은 무엇일까? 단순히 '술 한 잔 어때?'라는 말을 전달하기 위한 것이 아니다. 목적은 친구로부터 '그래? 가자!'라는 명쾌한 대답을 듣는 것이다.

마찬가지로 요리 레시피의 목적은 '맛있는 요리를 제대로 잘 만들 수 있게 하기 위함'이고, 상품 광고 전단 글의 목적은 '상품을 잘 팔기 위함'이며, 비즈니스 메일의 목적은 '기꺼이 귀하의 요청을 수락한다'라는 대답을 듣는 것이다.

또한 영화 추천 블로그를 운영하는 사람의 목적은 '재미있을 것 같다!', '보러 가야지!'라는 등의 반응을 이끌어내 자신이 추천한 작품에 흥미를 갖게 만드는 것이다.

러브레터에도 목적이 있다. 단순히 '좋아한다'는 마음을 전달하는 것이 목적이라고 생각하기 쉬운데, 아니다. '나도 너를 좋아해!'라는 뉘앙스가 담긴 대답을 듣는 것이 목적이다.

따라서 템플릿 선택은 그 문장의 목적에 따라 달라진다. 정보를 빠짐없이 전달할 때는 '열거 형'이, 상대방을 설득하고 싶을 때는 '결론우선 형'이,

공감대를 높이고 싶을 때는 '공감 형'이 효과적이다.

혹은 여러 템플릿을 조합한 '복합 형'이 효과적일 때도 있다. (복합 형에 대해서는 5장에서 자세히 설명한다.) 이처럼 글의 목적에 따라서 최적화된 템플릿을 선택하면 좋다.

### 독자는 누구인가?

글을 쓰는 목적을 달성하기 위해서는 글을 읽는 대상, 즉 독자가 누구인가를 특정해야 한다. 글을 읽는 대상이 정해지지 않으면 글을 쓸 수 없다. 상대가 없는 상황에서는 러브레터를 쓸 수 없는 것과 같은 이치다.

'여러 사람이 읽을 거라서…'라는 말로 피해 갈 수는 없다. 가령 홍보 전단지를 작성할 때 전단지를 읽어주길 바라는 대상은 누구인가? 40대 남성인가 아니면 20대 여성인가? 20대 여성도 독신과 기혼자로 나뉘며 사고방식이나 추구하는 것이 서로 다르다. 20대 기혼자 중에서도 자녀의 유무에 따라 관심 분야나 지식 정도가 크게 차이 날 수 있다.

영화 블로그를 쓰는 경우는 어떨까? 영화광인 사람과 1년에 영화를 두세 편 정도밖에 보지 않는 사람은 알고 싶은 정보가 다르다. 지식수준도 현저히 차이 날 수밖에 없다.

회사에서 작성하는 기획서는 어떨까? 기획서를 읽는 사람이 부서 내 사람인지, 회사의 고위직 간부인지, 거래처인지, 고객인지에 따라서 사용하는 언어도 그 안에 담는 내용도 다르다. 조금 더 세분화하면 고위직에도 부장, 전무, 사장 등 여러 계층의 사람이 있다. 부장은 기획서에서 '기획에 필요한 인원과 비용'을, 전무는 '기획의 손익분기점'을, 사장은 '기획이 회사에 미치는 브랜드 가치' 등과 같이 서로 다른 점에 주목한다.

템플릿을 사용해서 아무리 멋진 문장을 작성해도 그것을 읽는 대상을 잘못 설정하면 상대방이 흥미를 갖기는커녕 이해나 설득이 되지 않고 공감대를 형성할 수 없는 안타까운 결과를 초래할 수 있다.

'독자가 누구인가?'를 생각하는 것은 글을 쓰는 목적을 달성하기 위해서나 독자의 반응을 결정하고 그들의 니즈와 지식 및 독해 정도를 파악하기 위해서 매우 중요한 프로세스다. 따라서 글을 쓸 때는 반드시 글을 읽을 대상을 특정하자.

### 독자가 원하는 것은 무엇인가?

글을 읽을 사람이 특정된 다음에 해야 할 일은 그 사람에게 필요한 것, 즉 독자의 니즈를 파악하는 것이다. 독자의 니즈를 파악하기 위해서는 아래 항목에 대한 답을 참고하면 도움이 된다.

---

- 그 사람은 어떤 정보를 원할까?
- 그 사람은 어떤 정보를 얻었을 때 기뻐할까?
- 그 사람의 고민과 불안감, 문제점은 무엇인가?
- 그 사람은 어떤 가치관을 갖고 있을까?

---

상품이나 서비스를 팔기 위한 광고 카피라면 돈에 대한 가치관에 대해서도 리서치가 필요하다. 한 푼이라도 더 싼 휴지를 사기 위해 여러 마트를 전전하는 사람과 가격표도 보지 않고 오로지 촉감이 좋은 고급 티슈를 사는 사람은 상품 구매에 대한 기본적인 사고방식과 기준이 다르기 때문이다.

글을 쓴다는 것은 글을 읽는 사람에게 선물을 주는 것이다. 글을 쓰는 사람이 '이 글을 읽으면 사람들이 좋아할 거야'라는 자신감을 갖고 쓰더라도 글을 읽는 사람의 니즈를 충족시키지 못하면 기쁨을 줄 수 없다. 반대로 글 읽는 사람의 니즈를 충족시킨다면 큰 기쁨을 줄 수 있다.

독자의 니즈를 충족시키기 위해서는 평소에 그 사람과 얼마나 많은 대화를 하며 얼마만큼 그들에 대해 조사를 하고 관찰하는지가 중요하다. 대상에 대해 실제로 조사도 하지 않은 채 오로지 상상에만 의존하는 것은 위험하다. 반대로 다소 문장이 서툴거나 거칠어도 글을 읽는 사람의 니즈를 충분히 반영하고 있다면 글의 목적은 쉽게 달성된다.

### 독자에게 어떤 반응을 기대하는가?

글을 쓰는 목적을 달성하기 위해서는 글을 읽는 사람에게 어떤 반응을 기대하면 좋을까? 다시 말해서 목적을 달성하기 위해서는 어떤 반응이 필요한가?

가령 러브레터라면 '이렇게 기분 좋은 편지를 받아본 것은 처음이에요!'라는 감동적인 반응이 목적 달성에 근접한 것이 아닐까?

---

**독자 반응의 예**

- 재미있어요!
- 도움이 되었어요! / 공부가 되었어요! / 무척 유용했어요!
- 바로 그거예요!
- 대단해요! / 훌륭해요!
- 멋지군요!
- 이해하기 쉬워요!

- 세상에 그런 일이! / 그렇구나!
- 놀라워라! / 설마?
- 참신하다! / 새롭다! / 예전에는 미처 몰랐어요!
- 감동적이야. / 애잔해라.
- 슬퍼.
- 면목이 없군.
- 용기가 생겼어요! / 힘이 나요!
- 깊이가 있어! / 오, 예리해!

글을 쓰는 사람은 글에 대한 반응을 '독자의 몫'이라고 생각하기 쉽다. 하지만 독자의 반응은 '글을 쓰는 사람이 결정'하는 것이다. 즉, '독자의 반응 결정 = 글의 목표 설정'인 것이다.

목표가 설정되면 뇌는 목표를 달성하기 위해서 무엇을 해야 할지, 어떤 글을 써야 할지 생각하기 시작한다. 그 과정에서 결과적으로 질 좋은 문장이 탄생한다.

### 독자의 지식수준은 어떠한가?

대학교수나 연구원이 쓴 글을 읽었을 때 글이 난해하다거나 너무 전문적이어서 이해하기 어렵다고 느낀 적이 있을 것이다. 머리가 좋거나 지식이 풍부한 사람, 전문적인 지식이 많은 사람은 글도 잘 쓸 것 같지만 실제로는 그렇지 않다. 오히려 글이 너무 난해해서 이해하기 어려울 때가 더 많다.

대부분 글을 읽는 사람을 생각하지 않고 글을 쓰기 때문이다. 글을 읽는 사람도 자신과 같은 수준의 지식이나 이해력을 갖추고 있다고 오해하는 경우도 있다. 그렇기 때문에 결국 애매모호하거나 난해한 글을 쓴다.

- 독자의 지식수준에 눈높이를 맞춘다.
- 독자의 독해수준에 눈높이를 맞춘다.

　이것이 좋은 글을 쓰는 비결이다. 글을 쓴다는 것은 글을 읽는 사람이 이해하기 쉬운 언어와 순서로 정보를 전달하는 작업이다. 그렇기 때문에 글쓴이가 당연하다고 생각하는 정보에 대해 쓸 때는 특별히 주의가 더 필요하다. 글쓴이에게 '당연한 것'이 독자에게도 '당연한 것'은 아니기 때문이다. 독자가 그 사안에 대해서 전혀 모르고 있는 것을 감안해서 글을 써야 할 때도 있다.

　최근 서브스크립션 서비스(Subscription Service)도 변혁의 양상을 보이고 있다.

　이 글을 읽는 사람이 '서브스크립션 서비스'에 대해서 충분한 지식을 갖고 있다면 문제될 것이 없다. 하지만 만약 '서브스크립션 서비스'에 대해서 모른다면 이 문장은 독선적이고 나쁜 문장이다. 따라서 읽는 사람이 이해할 수 있도록 보충 설명을 해야 한다.

　최근 서브스크립션 서비스도 변혁의 양상을 보이고 있다. 서브스크립션 서비스란 '요금을 지불하고 일정한 기간 동안 서비스를 제공받는 일'을 가리키는데 아마존 프라임(Amazon Prime)이나 넷플릭스(Netflix) 같은 정액 요금제 서비스도 그중 하나다.

'서브스크립션 서비스'의 의미에 대해서 보충 설명을 하면 읽는 사람도 그 말의 뜻을 이해할 수 있다. 또한 '변혁의 양상을 보이고 있다'라는 딱딱한 표현도 '크게 변화하고 있다'와 같이 쉬운 표현으로 바꾸면 글을 읽는 사람이 더 쉽게 이해할 수 있다.

이렇듯 글을 쓸 때는 글을 읽는 사람의 입장이나 지식, 독해 수준을 파악하는 것이 중요하다. 그런 것을 파악한 후 글을 읽는 사람이 이해하기 쉬운 글을 쓰는 사람이야말로 '글을 잘 쓰는 사람'인 것이다.

# 모든 글은
# 한 줄 쓰기로 시작한다

한 줄 쓰기는 '좋은 글'로 가는 첫걸음!

궁극적으로 모든 글은 한 줄 정도(40~50자 이내)로 요약할 수 있다. 글의 원래 양과는 상관없이 말이다. 논문이라면 논문의 주제가, 책이라면 책 제목이 한 줄 정도로 표현된다. 만약 글을 쓰는 사람이 자신이 하고 싶은 말을 한 줄로 표현할 수 없다면 그 글은 나쁜 글이거나 조잡한 글일 가능성이 크다. 자신이 하는 말의 큰 '골자'를 파악하지 못했기 때문이다. 한 줄로 표현하지 못하는 글은 10줄로도 100줄로도 표현할 수 없다. 그만큼 글의 골자를 파악하는 작업은 매우 중요하다.

이 책에서 소개하는 템플릿은 모두 4개에서 5개의 파트로 나뉘어 있다. 평소에 정리가 잘된 정보라면 앉은 자리에서 쓱쓱 쓰면 된다. 하지만 처음 쓰거나 정리가 덜된 상태의 정보에 대해 쓸 때는 각각의 파트를 한 줄로 표현하는 작업부터 하자.

3장에서 소개하는 '결론우선 형'으로 '한 줄 쓰기'를 하면 다음과 같다.

| A<br>결론을 쓴다 | 감기는 예방하는 것이 중요하다. |
|---|---|
| ▼ | |
| B<br>이유 및 근거를 쓴다 | 왜냐하면 감기에 걸리면 비용이 많이 들기 때문이다. |
| ▼ | |
| C<br>구체적인 예·<br>상세 내용을 쓴다 | 감기에 걸리면 병원에 가야 하기 때문에 진료비와 약제비가 든다. |
| ▼ | |
| D<br>정리 | 평소에 충분한 휴식을 취하고 면역력을 강화하자. |

사실 각 파트를 한 줄로 적절하게 표현할 수 있으면 좋은 문장을 쓸 수 있다. 한 줄 쓰기를 읽기만 해도 이미 글을 대강 파악할 수 있기 때문이다. 즉, 글을 쓰는 사람이 하고 싶은 말의 큰 '골자'를 추려 놓은 것이다.

반대로 말하면 한 줄 쓰기로 골자를 추릴 수 없다면 '좋은 글' 또는 '매력적인 글'로 가는 길은 험난할 수밖에 없다.

한 줄 쓰기의 내용이 아직 하나밖에 없거나 정리가 안 되었을 경우에는 부풀리기 단계로 가기에 이른다. '제로(0)'에는 어떤 수를 곱해도 제로가 되므로 제로 상태에서는 아무리 부풀리기를 해도 '제로'다.

한 줄 쓰기는 그 파트의 골자가 되는 '하나'를 만드는 작업이다. 한 줄로 표현이 잘 안 될 때는 머릿속에 있는 정보가 '미정리' 상태이기 때문에 우선 정보부터 정리할 필요가 있다.

정보 정리 방법

① 내가 갖고 있는 정보를 '필요한 정보'와 '불필요한 정보'로 분류한다.

② '필요한 정보'에 우선순위를 매긴다.

③ 우선순위가 높은 정보를 이용해서 한 줄 쓰기를 한다.

예를 들면 어떤 가수의 콘서트에서 감동을 받았다고 하자. 감동받은 이유를 한 줄 쓰기로 표현하기 위해서는 다음과 같이 정보를 정리할 필요가 있다.

① 정보를 분류한다→감동한 이유를 리스트로 작성한 후 정보를 '필요한 정보' 와 '불필요한 정보'로 분류한다. 예를 들어 '2년 만에 부활한 콘서트였다', '음향과 무대연출이 멋있었다', '노래에 감정이 실려 있었다', '히트곡을 많이 불렀다' 중에서 '필요한 정보'에 '2년 만에 부활한 콘서트였다'와 '노래에 감정이 실려 있었다'를 넣는다.

② 정보에 우선순위를 매긴다→①에서 '필요한 정보'로 분류한 2개 중에서 우선순위를 매긴다. 감동한 순서대로 '노래에 감정이 실려 있었다', '2년 만에 부활한 콘서트였다' 식으로 정리한다.

③ 한 줄 쓰기를 한다→가장 우선순위가 높은 '노래에 감정이 실려 있었다'를 선택해서 한 줄 쓰기를 한다.

**예** 감정을 담아 혼신의 힘을 다해 열창했다.

우선순위에서 두 번째 정보를 넣어서 다음과 같이 써도 괜찮다.

> **예**  2년 만에 부활한 콘서트에서 감정을 담아 혼신의 힘을 다해 열창했다.

만족스러운 한 줄 쓰기가 완성되면 글의 절반은 쓴 셈이다. 나머지는 골자를 가이드라인으로 글을 부풀리면 된다.

### 추상과 구체 사이를 넘나드는 감각을 익히자

글쓰기는 추상(抽象)과 구체(具體) 사이를 넘나드는 작업이다. 앞에서 소개한 한 줄 쓰기의 예에서 나온 '비용(돈)'이라는 단어를 예로 들어 보자. 이 단어는 추상성이 크고 사람에 따라서 받아들이는 의미도 다르다. 비용에는 '생산비'나 '원가'의 의미가 있는가 하면 '노력'이나 '시간'의 의미도 있다.

C의 '구체적인 예 · 상세 내용 쓰기' 파트에서는 B의 '이유 및 근거' 파트에서 제시한 '비용'에 대해서 구체화시키고 있다. '병원에 가지 않으면 안 된다'는 시간이나 노력에 대한 비용의 의미와 '진료비와 약제비가 든다'는 금전적인 비용의 의미를 말하고 있다.

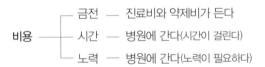

이렇게 추상과 구체 사이를 넘나들면서 글을 읽는 사람의 이해도가 높아진다. 이밖에도 추상과 구체의 관계성을 나타내는 예를 몇 가지 더 들어 보겠다.

＊이해를 돕기 위해 테마파크, 수족관 등의 구체적인 명칭은 국내 자료로 수정했습니다.

여기에서 구체화된 시설을 계속 구체화시키면 각각의 레저 시설 특징이 선명하게 드러난다. 글을 쓸 때 얼마만큼 구체화시키는가는 글을 쓰는 사람이 '어디까지 이야기하고 싶은가'와 글을 읽는 사람이 '어디까지 알고 싶은가'에 따라 달라진다.

여기서 주의해야 할 것은 글을 쓰는 사람이 '이 정도면 하고 싶은 말이 전달되겠지'라는 생각으로 독자의 이해와 납득 정도를 고려하지 않고 더 구체화시키지 않는 경우다. 중요한 것은 글쓴이 마음대로 구체화 정도를 결정하는 것이 아니라 독자가 이해하고 납득할 수 있는 수준까지 구체화시켜야 한다는 점이다. 한 줄 쓰기에서 글을 부풀리는 작업은 다시 말해서 골자가 되는 정보(추상도가 높음)를 구체화시키는 작업이라는 것을 명심하도록 하자.

# 글쓰기 전 확인 시트

1장에서 설명한 '템플릿을 사용하기 전에 확인해야 할 5가지'를 정리해 두면 글쓰기가 훨씬 수월해지고 글의 질도 한층 더 향상된다. 결과적으로 글 쓰는 목적도 제대로 달성할 수 있다.

① 글을 쓰는 목적은 무엇인가?

② 독자는 누구인가?

③ 독자가 원하는 것은 무엇인가?

④ 독자에게 어떤 반응을 기대하는가?

⑤ 독자의 지식수준은 어떠한가?

# 제2장

# '열거 형'으로 스트레스 없는 길 안내를 하자

여러 가지 정보를 정리해서 기술할 때 가장 유용한 것이
'열거 형'이다. 열거 형을 사용하면 전달하려는 정보가 많을 때도
혼란 없이 전달할 수 있다.

# 여러 가지 정보를 정리해서 기술하는
## '열거 형'

'열거 형' 템플릿

A 내용을 한 줄로 요약한다(열거하는 개수를 쓴다)
　└ ○○에는 3개의 □□가 있다.

▼

B 열거 포인트 1
　└ 첫 번째 □□는 ∼이다.

▼

C 열거 포인트 2
　└ 두 번째 □□는 ∼이다.

▼

D 열거 포인트 3
　└ 세 번째 □□는 ∼이다.

▼

E 정리
　└ 따라서 △△이다.

열거 형 템플릿이란?

　열거 형이란 어떤 한 가지 주제에 대해서 몇 개의 포인트로 나누어 기술하는 템플릿이다. 첫 문장에서 앞으로 기술할 주제와 열거할 포인트의 숫자를 제시한 후 포인트를 하나씩 순서대로 기술한다.

열거 형

> **열거 형 문장**
>
> 의사인 K씨가 경종을 울리는 것은 다음 3가지다. 첫째, 만성적인 수면 부족이
> 다. 둘째, 과도한 스트레스다. 셋째, 편식이다. 이 3가지를 개선하면 몸 상태가
> 좋아진다고 한다.

위의 글을 분석해보자.

| | |
|---|---|
| A<br>내용을 한 줄로 요약한다 | 의사인 K씨가 경종을 울리는 것은 다음 3가지다. |
| ▼ | |
| B<br>열거 포인트 1 | 첫째, 만성적인 수면 부족이다. |
| ▼ | |
| C<br>열거 포인트 2 | 둘째, 과도한 스트레스다. |
| ▼ | |
| D<br>열거 포인트 3 | 셋째, 편식이다. |
| ▼ | |
| E<br>정리 | 이 3가지를 개선하면 몸 상태가 좋아진다고 한다. |

A의 '내용을 한 줄로 요약한다'에서는 앞으로 몇 가지 포인트를 열거할
것인지에 대한 구체적인 숫자를 쓴다. 그러면 독자는 마음의 준비를 하기

때문에 이어지는 문장을 편하게 받아들일 수 있다.

이것은 글쓰기뿐 아니라 화술(話術)이 좋은 사람들이 평소에 자주 사용하는 방식이다. 결혼식에서 주례사를 예로 들어 보자. 말주변이 없는 사람은 자신이 하고자 하는 말을 주저리주저리 요령 없이 길게 늘어놓는다. 결혼식에 참석한 사람들은 주례의 말이 머리에 잘 들어오지 않아 '도대체 무슨 말이 하고 싶은 거지?', '언제까지 계속할 거야?'라며 지루해 하고 답답해 한다.

한편 언변이 좋은 사람은 서두에서 "오늘은 앞날이 창창한 신랑 신부에게 부부 관계를 원만하게 유지하는 비결 3가지를 말씀드리고자 합니다"라거나 "저는 신랑 ○○군에게 2가지 당부 말씀을 드리고자 합니다"라는 식으로 이야기의 전체 구성을 전달한다.

'이야기의 내용을 한 줄로 요약한다'는 것은 '이야기의 지도를 전달'하는 것으로 바꾸어 말할 수 있다. 지도를 전달받은 독자나 청중은 이야기가 진행되는 방향을 파악하여 이어지는 이야기에 집중하게 된다.

나쁜 글과 열거 형 글을 비교해보자

열거 형

**원문_나쁜 글의 예**

내가 추천하고 싶은 습관은 독서다. 책을 읽는 것은 자신이 몰랐던 세계를 여행하는 것과 같다. 책을 읽음으로써 지식과 교양이 쌓이고 어휘력도 풍부해진다. 어휘력이 풍부해지면 우리가 접할 여러 상황에서 적절한 언어를 구사할 수 있다. 개인적인 경험이나 체험에서 얻을 수 있는 지식과 교양에는 한계가 있다. 책을 통해 다양한 정보를 접하면서 지식과 교양을 쌓음과 동시에 어휘력을 강화하는 것은 독서를 통해 얻게 되는 큰 즐거움이다.

또한 책을 읽으면 타인에게 관대해진다. 책 속에는 나와 다른 가치관이나 인생관을 가진 사람이 대거 등장하기 때문이다. 다양한 사람들의 사고방식을 접함으로써 자신과 다른 사람에 대해서도 관대해질 수 있다. 마음의 그릇도 커진다. 독서를 통해서 인간적인 성장은 물론 일과 삶에 있어서도 성장한다.

가장 가성비 높은 자기 투자는 독서가 아닐까 생각한다. 아, 어휘력이라는 것은 단순히 어휘를 많이 알고 있는 것을 가리키는 것이 아니다. 상황에 따라 가장 적절한 언어를 구사하는 활용 능력을 말한다.

위의 글은 빈말이라도 잘 쓴 문장이라고 할 수 없다. 정보가 뒤섞여 정리되어 있지 않기 때문이다. 이 글은 글쓴이가 생각나는 대로 계속 써 나간 것처럼 보이며 글을 다 쓰고 난 뒤 자신이 쓴 글을 다시 읽어보지 않은 것으로 보인다.

글쓴이는 본인이 하고 싶은 말을 글로 다 표현했다는 생각에 만족할지는 모르겠지만 읽는 사람 입장에서는 곤혹스럽기 그지없다. 내용을 이해하려면 많은 노력이 필요하다. 문장이 장황한 데다 글의 의도가 분명하지 않기 때문에 읽으면서 집중도가 떨어진다. 따라서 글을 읽는 사람에게 불

친절한 문장이라고 할 수 있다.

이처럼 병렬 관계에 있는 정보를 많이 써야 할 때 유용한 것은 열거 형 템플릿이다.

---

**수정문_열거 형 글**

| A<br>내용을 한 줄로 요약한다 | 내가 추천하고 싶은 습관은 독서다. 독서에서 얻을 수 있는 장점은 3가지다. |
| :--- | :--- |
| ▼ | |
| B<br>열거 포인트 1 | 첫째는 '지식과 교양 쌓기'다. 개인적인 경험이나 체험에서 얻을 수 있는 지식과 교양에는 한계가 있다. 책을 통해 다양한 정보를 접하면서 지식과 교양을 쌓는 것은 독서를 통해 얻게 되는 큰 즐거움이다. |
| ▼ | |
| C<br>열거 포인트 2 | 둘째는 어휘력이 풍부해진다는 점이다. 풍부한 어휘력이란 어휘를 많이 알고 있다는 뜻이 아니라 상황에 따라 적절한 어휘를 구사할 수 있는 능력을 말한다. 독서를 통해 얻게 되는 언어 활용 능력은 그 사람의 말하기와 쓰기 질을 높인다. |
| ▼ | |
| D<br>열거 포인트 3 | 셋째는 타인에 대해 관대해진다는 것이다. 책 속에는 자신과 다른 가치관이나 인생관을 가진 사람들이 대거 등장한다. 다양한 사람들의 다양한 사고방식을 접함으로써 타인에 대한 이질감이 줄고 관대함이 자란다. 즉, '마음의 그릇'이 커진다고 할 수 있다. |
| ▼ | |
| E<br>정리 | 독서를 통해서 인간적인 성장은 물론 일과 삶을 대하는 태도도 성장한다. 따라서 가장 가성비 높은 자기 투자는 독서가 아닐까 생각한다. |

서두에서 '무엇을', '몇 개' 쓸 것인가를 명확하게 제시하는 것은 글을 읽는 사람들에게 '이야기 지도'를 건네주는 일과 같다. 지도에는 하나하나 차례대로 포인트를 열거해 놓았다.

'3가지다→ 첫째~→ 둘째~→ 셋째~' 식으로 친절하게, 릴레이 배턴을 건네주듯 자연스럽게 흐르는 수정문은 읽기가 편하고 이해하기가 수월하다는 2가지 측면에서 원문보다 훨씬 좋은 글이라고 할 수 있다.

## 열거 형 사용 팁 ①

# 글의 목적지를 기술하자

열거 형 템플릿의 가장 큰 특징은 A의 '내용을 한 줄로 요약하기'다. 글의 첫머리에서 '무엇'을 '몇 개' 기술할지를 명확히 함으로써 독자는 다음 문장의 목적지를 파악할 수 있다. 그러면 앞으로 전개될 글에 대한 이해도가 높아진다.

> • 목적지가 분명하지 않다→독자는 불안감을 느껴서 다음에 전개될 글을 이해하지 못할 우려가 있다.
> • 목적지가 분명하다→독자는 편안함을 느껴서 다음에 전개될 글에 대한 이해도가 높아진다.

아래 글은 A의 '내용을 한 줄로 요약하기'의 한 예다.

• 내가 이 볼펜을 애용하는 이유는 2가지다.
• '대학생 창업'의 메리트는 아래의 3가지다.
• 하루 30분 걷기로 얻게 되는 건강상의 효과는 5가지다.
• 오늘은 회원 여러분께 3가지 부탁이 있습니다.
• 저희 회사는 올해 4가지 업무에 주력하고 있습니다.

- 스마트폰 중독 여부를 확인하는 포인트는 5가지가 있습니다.

또한 '내용을 한 줄로 요약하기'에서는 숫자를 사용하지 않고 '몇 개의 ○○가 있습니다'라고 기술하는 방법도 있다.

- 시간 효율을 높이는 몇 가지 방법이 있습니다.
- 졸업하기 위해서는 몇 가지 시험에 합격해야 합니다.
- 이 문제를 해결하기 위해서는 몇 가지 접근 방식을 생각해볼 수 있습니다.

독자로 하여금 궁금증을 유발하려는 노림수가 있다면 이런 식의 기술 방법도 나쁘지 않다. 하지만 독자를 굳이 애태울 필요가 없다면 구체적인 숫자를 제시하는 것이 친절한 방법이다.

- 시간 효율을 높이는 4가지 방법이 있습니다.
- 졸업하기 위해서는 3가지 시험에 합격해야 합니다.
- 이 문제를 해결하기 위해서는 3가지 접근 방식을 생각해볼 수 있습니다.

# 열거 형 사용 팁 ②
# 열거 포인트는 간결하게

글 첫머리에서 전체 내용을 한 줄로 기술했다면 이어지는 글에서는 기술해야 할 사항, 즉 열거 포인트를 하나씩 기술한다(B~D).

아래는 B 이후 포인트를 열거할 때 사용하는 대표적인 접속사 예다.

또한 B~D에서 포인트를 열거할 때 열거하는 첫머리에 각각 전달하고자 하는 메시지의 결론을 간결하게 기술하자. 앞 예시의 수정문(p.54)은 아래와 같이 고칠 수 있다.

> (B) 첫째, '지식과 교양 쌓기'다.
> (C) 둘째, '풍부한 어휘력'이다.
> (D) 셋째, '타인에 대한 관대함'이다.

만약 열거하는 항목의 첫 부분에서 두서없이 질질 끌면 읽는 사람이 이해하기 힘든 나쁜 글이 된다.

**열거 포인트에서 장황하게 늘어놓은 나쁜 사례**

첫 번째인데. 애당초 자신의 경험이나 체험을 통해 얻게 되는 지식과 교양에는 한계가 있다. 책을 통해서 다양하고 다채로운 정보를 접하면서 지식과 교양을 쌓는 것은 독서의 큰 즐거움이다. 그렇다. 깊이 있는 '지식과 교양'을 얻을 수 있는 것이다.

장황한 설명과 묘사가 이어지고 결론을 뒤로 뺐다. 정보를 정리해서 전달하는 열거 형을 채택하고 있음에도 열거 포인트를 하나하나 장황하게 늘어놓으면 의미가 없다.

### 열거 포인트의 첫머리에서 주의할 것!

열거할 때 접속사 '첫 번째인데~'라는 표현을 쓰는 사람이 종종 있는데 이 표현은 좋지 않다. '~인데'라는 표현은 주로 역접의 용도로 쓰이는데 여기서는 역접이 아니라 아무 의미 없이 사용하고 있는 것이다. '~인데'를 사용하면 뒤에 오는 글이 장황해지기 쉽고 결론이 뒤로 밀려나는 경우가 종종 있다.

'첫 번째는~'을 사용하면 뒤에서 '~입니다' 식으로 바로 호응이 된다. 그 결과 주어와 술어의 관계성이 명료하고 간결해서 좋은 문장이 된다. 따라서 열거 포인트의 첫머리에는 '첫 번째는 ○○입니다' 방식을 권한다.

**많은 정보를 전달하고 싶을수록 정리를 하라!**

책이나 영화 감상 평을 비롯해서 여행이나 맛집 기행에 이르기까지 간편하게 자신의 기분과 느낌을 표현할 수 있는 것이 SNS의 장점이다. 그러나 머릿속에 떠오르는 대로 두서없이 쓰면 아무도 읽어주지 않는 글이 될 수 있다.

전달하고 싶은 내용이 많을수록 전달할 내용을 정리해서 열거 형으로 쓰자. 가령 '영화 ○○의 관전 포인트는 세 곳입니다', '이 책에서 배운 것은 크게 2가지입니다', '○○ 씨의 강연을 듣고 스스로에게 5가지 임무를 부여했습니다'라는 식으로 말이다.

주제와 숫자를 제시하면 독자는 내용이 궁금하기 마련이다.

# 열거 형 사용 팁 ③
## 정리는 '공통 항목 추상화'하기다

B~D에서 열거 포인트를 다 썼다면 마지막으로 E의 '정리'를 쓴다. 정리할 문장을 쓸 때는 열거 포인트를 총괄하는 의식이 필요하다. 앞의 예문에서는 '지식과 교양 쌓기', '풍부한 어휘력', '타인에 대한 관대함'이라는 3가지 장점을 '미래지향적'이라는 말로 총괄하고 있다.

독서를 통해서 인간적인 성장은 물론 일과 삶을 대하는 태도도 성장한다.

윗글은 글쓴이의 메시지(가장 전달하고 싶은 것)로 문장을 끝냈다.

가장 가성비 높은 자기 투자는 독서가 아닐까 생각한다.

열거 포인트가 '구체화'라고 한다면 마지막 정리는 '추상화'다. 열거 포인트를 살펴보면서 열거 포인트의 경향이나 공통점을 발견하면 깔끔하게 정리된다.

열거 형

# 열거 형 예문 ①

# 홍보 문구(카탈로그 문구)

한 줄 쓰기로 뼈대를 세운다

먼저 한 줄 쓰기로 글의 뼈대를 세운다.

| | |
|---|---|
| A<br>내용을 한 줄로<br>요약한다<br>▼ | '스마일 푸드 서비스'는 매력적인 3가지 서비스를 제공하고 있습니다. |
| B<br>열거 포인트 1<br>▼ | 첫 번째는 고품질의 요리를 제공합니다. |
| C<br>열거 포인트 2<br>▼ | 두 번째는 요리사와의 사전 협의 제도입니다. |
| D<br>열거 포인트 3<br>▼ | 세 번째는 장보기 동행 서비스입니다. |
| E<br>정리 | 문의 사항이 있으면 아래의 번호로 전화를 주시거나 소정의 양식을 다운받아 상담해 주시기 바랍니다. |

다음은 각 파트별로 부풀리기를 한다.

# 부풀리기로 글을 완성한다

| | |
|---|---|
| **A**<br>**내용을 한 줄로**<br>**요약한다** | 저희 회사 '스마일 푸드 서비스'는 전문 요리사가 여러분 댁을 방문해서 정성 들인 한 끼 식사를 만들어드리는 요리 대행 서비스입니다. 특히 다음과 같은 매력적인 3가지 서비스를 제공하고 있습니다. |
| ▼ | |
| **B**<br>**열거 포인트 1** | 첫 번째는 고품질의 요리를 제공합니다. 여러분 댁을 방문하는 요리사는 전원이 회사 연수 센터에서 3개월간 엄격한 트레이닝을 거친 사람들입니다. 그런 만큼 요리 실력에 자부심을 갖고 있으며 고객으로부터 '세대를 초월한 맛'을 제공하고 있다는 평가를 받고 있습니다. 또한 요청에 따라서는 빠르게 다양한 요리를 만들 수 있습니다(정해진 시간 안에 요리 가짓수는 무제한). 저희 요리사들은 밑반찬 레시피도 풍부하게 보유하고 있습니다. |
| ▼ | |
| **C**<br>**열거 포인트 2** | 두 번째는 요리사와의 사전 협의 제도입니다. 사전에 전화 상담을 통해서 음식에 대한 기호를 파악하고 요청 사항을 꼼꼼하게 체크해서 고객님이 만족할 만한 요리를 제공합니다. |
| ▼ | |
| **D**<br>**열거 포인트 3** | 세 번째는 장보기 동행 서비스입니다. 고객이 원하면 요리사가 장보기에 동행합니다. 마트나 시장에서 함께 장을 보면서 메뉴에 대해 편안하게 대화를 나눌 수 있도록 도와드립니다. |
| ▼ | |
| **E**<br>**정리** | 고객 여러분의 다양한 요청에 발맞추어 최적화된 요리를 제공하는 것이 저희 '스마일 푸드 서비스'의 신조입니다. 문의 사항이 있으면 아래의 번호로 전화를 주시거나 소정의 양식을 다운받아 상담해 주시기 바랍니다. |

앞의 글은 서비스 홍보 문구이기 때문에 글의 목적은 독자(해당 서비스에 흥미를 가진 사람)를 설득하여 최종적으로 서비스를 신청하게 만드는 일이다. '고품질의 요리', '요리사와의 사전 협의 제도', '장보기 동행 서비스'의 3가지 포인트를 구체적으로 기술하는 부풀리기를 통해서 서비스 내용에 대한 이해도가 높아졌다.

열거 형으로 포인트가 정리되어 있어서 각각의 포인트가 머릿속에 쏙 들어온다. 하지만 이러한 포인트를 두서없이 기술하게 되면 집중도가 떨어져 자칫 중요한 포인트를 놓칠 위험이 있다. 서비스의 매력 포인트는 3개가 아니라 5개나 7개라도 괜찮다. 특히 제공할 서비스의 가격대가 높은 경우에는 서비스의 매력이 크면 클수록 성과(신청)로 이어질 확률이 높다.

'글을 쓸 때 어느 정도의 분량이 적절한가요?'라는 질문을 종종 받는다. 질문에 대한 답은 '목적을 달성하기 위해서 필요한 만큼의 분량'이라는 것이다. 만 원 정도의 상품이라면 5줄에서 10줄 문장으로도 팔릴지 모르지만 브랜드 파워가 없는 경우 30만 원짜리 상품을 그 정도 문장만으로는 팔기가 쉽지 않다. 그만큼 홍보 문구는 가격에 상응하는 설득력이 요구된다.

서비스 홍보 문구라면 문구를 접하는 사람에게 해당 서비스를 판매하는 것이 목적이다. 목적을 달성하기 위해서는 상대방의 구매 욕구를 자극해서 '사야겠다!'라는 결단을 내리기에 충분한 분량의 문장이 필요하다. 판매하는 상품 및 서비스 내용과 가격에 따라 문장의 내용과 분량을 조절한다.

# 열거형 예문 ②

# 회의 보고서(비즈니스 문서)

한 줄 쓰기로 뼈대를 세운다

먼저 한 줄 쓰기로 글의 **뼈대**를 세운다.

| A<br>**내용을 한 줄로 요약한다** | '2020 봄 시즌 아이템 전시회' 건으로 다음 3가지 사항이 새롭게 결정되었다. |
|---|---|
| ▼ | |
| B<br>**열거 포인트 1** | [부스 사이즈] 부스의 크기는 6미터×3미터이다. |
| ▼ | |
| C<br>**열거 포인트 2** | [부스 장식 업체] 부스 장식 업체는 'BOOSTAR'이다. |
| ▼ | |
| D<br>**열거 포인트 3** | [주력 상품] 주력 상품은 신상품인 '초고속 건조 작업용 유니폼 VITA'이다 |
| ▼ | |
| E<br>**정리** | 'VITA'의 인지도 상승과 사흘 동안 1,500개 예약 주문을 목표로 한다. |

다음에는 각 파트별로 부풀리기를 한다.

# 부풀리기로 글을 완성한다

| | |
|---|---|
| **A**<br>내용을 한 줄로<br>요약한다 | 어제(21일) 진행했던 프로젝트 회의에 대한 보고를 하겠습니다. '2020 봄 시즌 아이템 전시회' 참가에 대해서 다음 3가지 사항이 새롭게 결정되었습니다. |
| ▼ | |
| **B**<br>열거 포인트 1 | [부스 사이즈] 부스의 크기는 6미터×3미터입니다. 예년보다 사이즈는 다소 작지만 첨부 자료에서 보시는 것처럼 2개 면이 통로에 접하고 있는 코너(C-2) 자리입니다. 그중 한 통로는 전시장의 정문에서 무대로 이어지는 메인 통로기 때문에 지난번보다 두 배 정도 통행량이 많을 것으로 예상됩니다. |
| ▼ | |
| **C**<br>열거 포인트 2 | [부스 장식 업체] 부스 장식은 'BOOSTAR'라는 업체에 의뢰하기로 했습니다. 'BOOSTAR'는 전시회 부스 장식 업계에서 40년 이상 긴 역사를 자랑하는 베테랑 업체이며 간판에 상품의 특징을 어필하는 '시각적 전달력'이 주 무기입니다. 이미 이벤트 담당 부서와는 수차례에 걸친 미팅을 통해 부스 디자인 시안도 전달받았습니다(현재 상위 부서에서 검토 중임). |
| ▼ | |
| **D**<br>열거 포인트 3 | [주력 상품] 전시회의 주력 상품은 신상품인 '초고속 건조 작업용 유니폼 VITA'로 결정되었습니다. 무더위로 인한 열사병 방지 아이템의 수요가 증가함에 따라 최신 초고속 건조 기술을 이용한 'VITA'는 대표 상품이 될 가능성이 큽니다. 전시회에서는 초고속 건조 기능을 체험할 수 있는 공간을 마련하는 등 적극적으로 어필하기 위한 준비에 만전을 기하고 있습니다. |
| ▼ | |
| **E**<br>정리 | 이번 전시회에서는 'VITA'의 인지도 상승과 사흘 동안 1,500개 예약 주문을 목표로 하고 있습니다. 잘 부탁드립니다. |

앞의 글은 회의 결정 사항을 프로젝트 구성원에게 보고하는 비즈니스 문서다. 예문에서는 전시회 참가에 관한 3가지 의결 사항을 열거 형 템플릿을 사용해서 보고하고 있다.

비즈니스 글에서는 열거할 때 조항 쓰기 형식을 자주 사용하는데 정보 전달에 매우 효과적이다. 예문에서도 완전한 조항 쓰기 형식은 아니지만 [부스 사이즈], [부스 장식 업체], [주력 상품] 식으로 괄호 [ ]를 이용해서 3가지 전달 포인트를 알기 쉽게 기술했다.

각각의 포인트를 어느 정도 구체적으로 쓸 것인가는 정보를 접하는 사람이 얼마만큼 알고 싶어 하는가에 따라서 달라진다. 한 줄 쓰기를 조금 부풀리는 정도로 충분한 경우가 있는가 하면 각각의 열거 포인트를 많이 부풀리는 것이 좋을 때도 있다.

가령 [부스 장식 업체]에 대해서 더욱 상세한 정보가 필요하다면 알기 쉽게 더 풀어서 써야 한다.

| C<br>열거 포인트 2 | [부스 장식 업체] 부스 장식은 'BOOSTAR'라는 업체에 의뢰하기로 했습니다. 'BOOSTAR'는 전시회 부스 장식 업계에서 40년 이상 긴 역사를 자랑하는 베테랑 업체이며 지금까지 ○○사와 ○○컴퍼니를 비롯해 1,300곳 이상의 부스를 제작했습니다.<br>특히 간판에 상품의 특징을 어필하는 '시각적 전달력'이 주 무기입니다. 상품 카피와 로고 디자인, 배색, 네온 장식 등 뛰어난 부스 홍보 실력은 각 전시회에서 훌륭한 집객(集客) 효과를 발휘했습니다. 'BOOSTAR'로 업체를 변경하면서 집객율과 비즈니스 상담율, 매출 등이 3배 이상 뛴 기업이 적지 않습니다. |

이미 이벤트 부서와는 수차례에 걸친 미팅을 통해 우리 회사의 출품 내용과 상품의 장점을 강조하는 부스 디자인 시안도 전달받았습니다(현재 상위 부서에서 검토 중임).

앞의 글에서 밑줄 친 부분은 '부풀린 문장'이다. 문장을 부풀리는 작업은 앞에서도 설명했듯이 정보를 구체화시키는 작업이다. 만약 구체화시킬 수 없다면 대부분 상세 정보가 부족한 것이다. '자료 조사', '여론조사', '현장 취재', '직접 사용해보기' 등으로 문장 작성에 필요한 정보를 모아보자.

SNS에서 유용한 꿀팁 ②
**순위 매기기(랭킹 스타일)로 흥미를 유발하라!**

SNS에서 글을 쓸 때 개인적인 순위를 공개하는 것도 추천할 만하다.
가령 '나의 최애 영화 톱 5'를 선언하고 '1위 : 그랜 토리노, 2위 : 가타카, 3위 : 유레루, 4위 : 이보다 더 좋을 순 없다. 5위 : 무간도' 식으로 순위를 발표한다.
'내가 좋아하는 빵 베스트 3'는 '1위가 건포도 빵, 2위가 시나몬 롤, 3위가 크루아상이다'라는 식이다.
순위도 넓은 의미에서는 열거 형이다. 눈에 쉽게 들어오는 데다 오락성도 있기 때문에 호응을 불러일으킬 수 있다. 순위마다 선정 이유를 덧붙이면 더할 나위가 없다.

# 열거 형 예문 ③

# 노하우 제공(블로그 기사)

한 줄 쓰기로 뼈대를 세운다

먼저 한 줄 쓰기로 글의 **뼈대**를 세운다.

| | |
|---|---|
| A<br>내용을 한 줄로<br>요약한다<br>▼ | 무더위 예방에 좋은 비타민 B을 함유한 음식 3가지를 소개한다. |
| B<br>열거 포인트 1<br>▼ | 첫 번째는 '돼지고기'다. |
| C<br>열거 포인트 2<br>▼ | 두 번째는 '메밀'이다. |
| D<br>열거 포인트 3<br>▼ | 세 번째는 '두부'다. |
| E<br>정리 | 이 3가지 음식을 적극적으로 섭취해서 무더위를 잘 이겨내자. |

다음에는 각 파트별로 부풀리기를 한다.

# 부풀리기로 글을 완성한다

**A**

**내용을 한 줄로 요약한다**

연일 무더위가 기승을 부리는 요즘, 더위에 지치지 않으려면 어떤 음식을 먹으면 좋을까요? 젖산 제거 효과가 있어 '피로 회복에 탁월한 비타민'으로 불리는 비타민 B1이 들어 있는 음식이 좋습니다. 그래서 비타민 B1을 함유하여 더위 예방에 효과가 있는 음식을 소개하려고 합니다.

▼

**B**

**열거 포인트 1**

## 1. 돼지고기

첫 번째는 '돼지고기'입니다. 돼지고기는 소고기와 닭고기의 5배에서 10배나 많은 비타민 B1을 함유하고 있습니다. 돼지고기라고 하면 많은 사람들이 삼겹살을 떠올리기 쉬운데 삼겹살은 비계가 많고 비타민 B1을 많이 함유하지 않았기 때문에 더위 예방에는 크게 효과가 없습니다.

더위 예방을 목적으로 돼지고기를 선택한다면 비타민 B1을 많이 함유하고 있는 '돼지 등심살'이나 '돼지 뒷다리 살', 즉 붉은색이 도드라진 부위를 먹는 것이 좋습니다. 또한 돼지고기와 함께 양파나 마늘을 먹을 것을 권합니다. 양파와 마늘에 함유된 '아릴 산'에는 비타민 B1의 흡수율을 높이고 피로 회복을 촉진시키는 기능이 있기 때문입니다.

▼

**C**

**열거 포인트 2**

## 2. 메밀

두 번째는 '메밀'입니다. 메밀에는 비타민 B1뿐 아니라 몸의 저항력을 높이는 비타민 B2, 그리고 양질의 단백질과 식이섬유도 풍부하게 함유되어 있습니다. 영양 만점인 '오크라(고추 모양을 하고 있지만 단면은 별 모양의 아열대 채소)'를 곁들여 먹으면 피로 회복에 더욱 효과적입니다. 한편 메밀은 밀가루를 주성분으로 한 것보다 100퍼센트 순 메밀이나 80퍼센트 이상 메밀가루를 함유한 것이 비타민 B1이 풍부하므로 메밀 함량이 높은 것을 선택하는 것이 좋습니다.

▼

D
열거 포인트 3

3. 두부

세 번째는 '두부'입니다. 두부는 목 넘김이 좋고 차갑게 먹을 수도 있기 때문에 여름철에 제격인 음식입니다. 두부는 양질의 단백질 외에 비타민 B1도 풍부합니다. 여름철에 좋은 것은 '냉두부'입니다. 토핑에는 피로 회복 효과에 좋은 '진저론(zingerone)'을 함유한 생강을 추천합니다. 또한 생강과 마늘을 넣은 마파두부를 땀 뻘뻘 흘리면서 먹는 것도 여름철 더위 예방에 효과적입니다. 마늘에 함유된 '알리신'에는 비타민 흡수를 돕는 효능이 있습니다.

▼

E
정리

더위가 계속되면 식욕과 체력이 저하되어 쉽게 지치기 마련입니다. 게다가 업무 능력도 저하되어 문제가 생길 수 있습니다. 돼지고기, 메밀, 두부 등 비타민 B1을 풍부하게 함유한 음식을 적극 섭취해서 여름철 무더위를 잘 이겨냅시다.

블로그 기사에서도 열거 형 템플릿은 매우 요긴하게 쓰인다. 여름철 무더위 예방과 기력 회복 음식으로 '돼지고기, 장어, 풋콩, 부추, 현미, 참깨, 우메보시(매실 장아찌), 레몬, 간, 파슬리, 브로콜리, 붉은살생선, 수박, 아보카도, 낫토, 바나나, 오이' 등과 같이 음식 이름만 열거한다면 기사를 읽는 사람들은 쉽게 받아들이지 못한다.

이런 종류의 기사에는 신빙성과 설득력이 관건이다. 각 음식에 함유된 영양소를 밝히고 그 영양소가 무더위 예방에 얼마나 효과적인지를 제시하지 않으면 읽는 사람을 납득시키기 어렵다. 그런 점에서 3가지 음식으로 포인트를 좁혀 기술한 예문은 읽는 사람의 의식과 집중력을 높이고 '이 3가지 음식만 먹으면 되겠구나!'라는 심리적인 안정감을 준다. 물론 심리적 안정감을 주기 위해서는 이 음식이 왜 '무더위 예방에 효과적'인지에 대해서 충분한 근거를 제시할 필요가 있다.

예문에서는 3가지 음식의 영양분과 효과에 대해서 구체적으로 기술하고 있다. 또한 각 음식에 맞는 토핑까지 추천함으로써 보다 고급스러운 정보로 승화시켰다. 도입부에 "젖산 제거 효과가 있어 '피로 회복에 탁월한 비타민'으로 불리는 비타민 B1이 들어 있는 음식이 좋습니다"라는 유익한 정보를 집어넣은 점도 이 기사에 대한 흥미를 끄는 데 중요한 역할을 한다.

가령 '포인트는 비타민 B1의 섭취입니다'라고만 썼다면 흥미 유발에는 실패했을 것이다. 열거 형 첫머리에 오는 '내용을 한 줄로 요약한다' 부분에서는 다음 문장에 흥미를 가질 수 있는 기술 내용이나 서술 방식에 대해서 많은 고민이 필요하다.

SNS에서 유용한 꿀팁 ③

**베스트셀러 서적에서 배우는 '뇌의 정보처리' 비밀**

정신과 의사 카바사와의 베스트셀러 저서 『학습 효과가 극대화되는 인풋 대전』에 다음과 같은 내용이 있다.

"뇌가 한번에 기억해서 처리할 수 있는 정보는 3개까지고 그 이상을 처리하려고 하면 뇌에 과부하가 걸려서 전부 잊어버리게 된다."

이 말은 열거의 숫자가 많다고 무조건 좋은 것은 아니라는 것을 반증한다. 실제로 페이스북이나 인스타그램 등의 SNS에서는 수많은 글을 건성으로 훑게 된다. 많은 정보를 전달하고 싶을수록 의식적으로 딱 '3가지'만 줄여서 쓰는 습관을 들이는 것은 어떨까?

# 열거 형 예문 ④
## 문의 글(메일)

### 한 줄 쓰기로 뼈대를 세운다

먼저 한 줄 쓰기로 글의 뼈대를 세운다.

| | |
|---|---|
| A<br>내용을 한 줄로<br>요약한다 | 신상품 '핫 스위츠 모어' 건으로 질문이 3가지 있다. |
| ▼ | |
| B<br>열거 포인트 1 | 1. 신상품 발표회 예정은 있는가? |
| ▼ | |
| C<br>열거 포인트 2 | 2. 상품 자료 준비는 되어 있는가? |
| ▼ | |
| D<br>열거 포인트 3 | 3. 판매는 ○○와 △△의 전 점포에서 하는가? |
| ▼ | |
| E<br>정리 | 답신을 잘 부탁한다. |

다음은 각 파트별로 부풀리기를 한다.

## 부풀리기로 글을 완성한다

㈜티넬 홍보부

사토 히토미 씨께

늘 수고가 많으십니다. ○○ 출판사의 △△입니다.

| | |
|---|---|
| A<br>내용을 한 줄로<br>요약한다 | 저희 회사 잡지 12월호(11월 26일 발매)의 〈Brand New Goods〉 코너에 귀사의 신상품 '핫 스위츠 모어'를 소개할 기획 기사를 검토하고 있습니다. 그 건에 관한 질문이 3가지 있습니다. |
| ▼ | |
| B<br>열거 포인트 1 | 1. 신상품 발표 계획이 있으십니까? (시식회 등 취재 가능한 이벤트도 상관없습니다.) |
| ▼ | |
| C<br>열거 포인트 2 | 2. 상품 자료 준비는 되어 있는지요? 만약 준비가 되어 있다면 메일로 받아 볼 수 있을까요? |
| ▼ | |
| D<br>열거 포인트 3 | 3. 판매는 ○○와 △△의 전 점포에서 하는 것인지요? |
| ▼ | |
| E<br>정리 | 이상입니다.<br>저희 소개 기사를 통해 '핫 스위츠 모어'의 인지도가 좋아진다면 더 바랄 게 없습니다. 많이 바쁘시겠지만 이상의 사항에 대해서 확인해주신다면 대단히 감사드리겠습니다. 잘 부탁드립니다. |

비즈니스 메일의 경우에는 상대방에게 정보를 전달하거나 질문 혹은 확인을 요청하는 경우가 많기 때문에 연락 사항이나 질문 사항이 여러 개라

면 열거 형 템플릿이 도움이 된다. 열거 형을 사용하지 않고 글을 썼을 때는 어떤 문장이 되는지 한편 살펴보자. 아래의 글은 열거 형을 사용하지 않고 쓴 문장의 예다(인사말과 받는 사람의 이름은 생략했다).

> 저희 잡지 12월호(11월 26일 발매)의 〈Brand New Goods〉 코너에 귀사의 신상품 '핫 스위츠 모어'를 소개할 기획 기사를 검토하고 있는데 신상품 발표회 계획과 상품 자료 준비가 되어 있는지 궁금합니다. 만약 준비가 된다면 메일로 보내주실 수 있을까요? 시식회 등 취재 가능한 이벤트도 상관없습니다.
> 저희 소개 기사를 통해 '핫 스위츠 모어'의 인지도가 좋아진다면 더 바랄 게 없습니다. 아울러 판매는 ○○와 △△의 전 점포에서 하는지도 확인 부탁드립니다.
> 많이 바쁘시겠지만 이상의 사항에 대해서 확인해주신다면 대단히 감사드리겠습니다. 잘 부탁드립니다.

내용 자체는 똑같지만 질문이 일목요연하게 정리되지 않았기 때문에 메일을 읽는 사람이 질문 사항을 놓칠 우려가 있다. 따라서 3가지 질문 중에서 2가지 질문에 대한 답변만 듣는 안타까운 결과를 초래할 수도 있다.

만약 듣고 싶은 대답을 다 받지 못했다면 과연 누구의 책임일까? 메일 수신자의 책임은 결코 아니다. 상대방이 질문 사항을 파악하기 힘들게 만든 메일 발신자의 책임이다.

3가지 질문에 대한 회신을 확실하게 받고 싶다면 문장 구성에 대해 연구할 필요가 있다. 그중 하나가 열거 형 템플릿의 활용이다. 열거 형이라면 몇 가지 질문을 받았는지에 대해 메일 수신자가 놓칠 우려는 없을 것이다.

또한 메일의 경우, 통상적인 글과 달리 글을 읽는 사람과의 커뮤니케이선 요소가 강하다는 특징이 있다. 자신의 용건만 전달하는 것이 아니라 상황에 따라 필요한 배경 설명이나 상대방에 대한 배려를 나타내는 말도 함께 넣는 것을 검토해야 한다.

예문에서는 잡지에서 상품을 소개하고 싶다는 내용을 전달하는 것 외에 신상품의 인지도 상승에 도움이 되고 싶다는 뜻도 함께 전달했다. 둘 다 상대방이 기뻐한다는 메리트가 있다.

배려를 나타내는 '바쁘신 줄 알지만~'이라는 '쿠션 화법'도 메일 수신인이 발신자의 요청 사항을 들어주기 바랄 때는 반드시 필요한 말이다.

상대방과 얼굴을 마주하는 대면과 달리 메일은 오해를 불러일으키기 쉬운 커뮤니케이션 방법이다. 상대방의 기분을 해치지 않도록 언어 사용에 신경 써야 한다.

열거 형 효과 높이기 팁 ①

# 열거하는 수는 2~7개로 제한하라

열거 형 A의 '내용을 한 줄로 요약한다'에서 열거할 포인트의 개수는 2개에서 7개를 권한다. 또한 홀수가 딱 떨어지는 느낌이 있어 3개나 5개, 혹은 7개를 주로 사용한다.

열거 포인트가 8개 이상이 되면 읽는 사람이 '너무 많다'는 느낌을 받아서 내용 파악이 힘들 수 있다. 처음부터 '중요한 포인트가 8가지 있습니다'로 글을 시작해보자. 글을 읽는 사람은 '8'이라는 숫자에 심리적 부담을 느껴 아예 글 읽는 것을 포기하는 경우도 생길 수 있다.

아무리 훌륭한 내용의 글이라도 읽는 사람이 없다면 의미가 없다. 설령 글을 다 읽었다 하더라도 열거 포인트가 너무 많으면 글을 읽은 후에 잘 기억하지 못한다는 단점이 있다.

어떤 심리학 연구에 따르면 인간이 짧은 시간 내에 기억할 수 있는 기억의 용량은 '7±2'라고 한다. 이런 점을 고려했을 때 열거 포인트는 7개를 넘지 않도록 조정하는 것이 좋다.

열거 형 효과 높이기 팁 ②
# 중요도가 높은 순에서 낮은 순으로 열거하라

　대부분의 경우 열거하는 포인트는 순서를 바꾸어도 성립이 된다. 열거 포인트 1과 3의 문장을 바꾸어도 내용 자체에 큰 차질이 생기는 것은 아니다. 하지만 글을 읽는 사람 입장에서는 열거 포인트 1이 열거 포인트 3보다 더 중요하게 느껴진다.

　가령 근육 트레이닝의 효과에 대해 기술할 때 '살이 잘 찌지 않는 몸이 만들어진다'와 '깊은 수면을 취할 수 있다' 2가지가 있다고 하자. 이 경우에는 열거 포인트 1에 어느 쪽을 쓰는 것이 더 효과가 좋을까? 답은 '경우에 따라 다르다'이다. 글의 주제가 '이상적인 몸만들기를 위한 근육 트레이닝'이라면 열거 포인트 1에는 '살이 잘 찌지 않는 몸이 만들어진다'가 오는 것이 좋다. 한편 주제가 '지친 몸 회복을 위한 근육 트레이닝'이라면 열거 포인트 1에는 '깊은 수면을 취할 수 있다'가 오는 것이 좋다.

　글을 읽는 사람이 열거 포인트 1을 열거 포인트 2보다 더 중시하는 경향이 있기 때문에 글쓴이 마음대로 정보를 열거해서는 안 된다. 생각나는 순서대로 글을 쓰는 습관이 있는 사람은 특히 주의해야 한다. 글쓴이가 가장 중시하는 정보를 열거 포인트 1에 쓰고 이어서 중요도가 높은 순에서 낮은 순으로 쓰도록 한다.

열거 형 효과 높이기 팁 ③

# 열거 형으로 2개의 카테고리도 표현이 가능하다

열거 포인트의 카테고리가 2개여도 열거 형 템플릿을 사용해서 글을 쓸 수 있다. 카테고리 ①과 카테고리 ②에 각각 3개씩 열거 포인트가 있을 때는 '①-1→ ①-2→ ①-3→ ②-1→ ②-2→ ②-3'의 흐름으로 전개하면 된다.

| | |
|---|---|
| A<br>내용을 한 줄로 요약한다 | 집을 지을 때 중간 천장 없이 위아래가 뻥 뚫린 거실을 선호하는 사람이 많다. 이런 스타일의 거실에는 크게 2가지 장점과 한 가지 단점이 있다. |
| ▼ | |
| B<br>열거 포인트 1 | 첫 번째 장점은 '개방감'이다. 거실이 넓게 느껴진다는 것 외에도 위쪽 채광창을 통해 거실 전체를 밝게 연출할 수 있다. |
| ▼ | |
| C<br>열거 포인트 2 | 두 번째 장점은 '통풍이 잘 된다'는 것이다. 낮은 곳의 창과 높은 곳의 창 사이에 공기가 흐르기 때문에 자연스럽게 환기가 된다. 천장에 실링팬을 설치하면 공기 순환 효과는 더욱 극대화된다. |
| ▼ | |
| D<br>열거 포인트 3 | 한편 단점은 냉난방 효과가 크지 않다는 점이다. 위아래가 뻥 뚫린 거실은 공간이 넓은 만큼 냉난방 효과가 크지 않다. 즉, 겨울에는 따뜻한 공기가 위로 올라가서 춥고 여름철에는 |

| | 햇볕이 강하게 내리쬐서 더 더울 수 있다. |
| :--- | :--- |
| ▼ | |
| E 정리 | 집을 지을 때 중간 천장 없이 위아래가 뻥 뚫린 거실을 선택할지에 대한 여부는 장점과 단점을 충분히 검토한 후에 결정하는 것이 좋다. |

위의 예문에서는 '①-1→ ①-2→ ②-1' 순서로 쓰고 있다. 카테고리 ①에는 천장 없이 위아래가 뻥 뚫린 거실의 장점에 대해 썼고, 카테고리 ②에서는 그런 거실의 단점에 대해 썼다.

가령 이 글을 '①-1→ ②-1→ ①-2' 흐름으로 쓰면 읽는 사람은 혼란스러울 수 있다. 따라서 복수의 카테고리가 있는 상태에서 열거 형을 사용할 때는 다른 카테고리의 열거 포인트를 섞어 쓰면 안 된다. 카테고리 ①의 정보를 다 열거한 후에 카테고리 ②로 옮기는 식으로 카테고리별로 열거하는 것이 좋다.

열거 형 효과 높이기 팁⊕

# '하나'를 강조하는 수단으로써의 열거 형

당연한 사실이지만 한 가지 사항을 기술할 때는 열거 형을 쓸 필요가 없다. 단, '그 하나'를 강조하는 수단으로써 열거 형의 한 부분인 '내용을 한 줄로 요약한다'를 사용할 수 있다. 아래 문장이 그 예다.

- 아무리 바빠도 야근을 하지 않고 일을 끝내는 방법이 하나 있습니다.
- 블랙잭에서 이기는 방법은 오직 한 가지뿐이다. ○○하는 것이다.
- 옷을 잘 입는 사람이 성공하는 이유는 한 가지뿐이다.
- 여러 말 하지 않겠습니다. 아이의 성적을 올리고 싶다면 지금부터 제가 이야기하는 '딱 한 가지 습관'을 어머니가 먼저 실천하십시오.
- 지금 인기 폭발인 서비스 ○○에도 한 가지 맹점이 있습니다.

'○○이 한 가지 있습니다'라고 쓰면 그 한 가지가 '매우 중요하다'는 메시지가 전달된다.

예문 1

여행 가서 스냅사진을 찍을 때 자연을 배경으로 찍으면 당신의 부드럽고 온화한 성격이 그대로 전달됩니다.

여행 가서 스냅사진을 찍을 때 숙지하면 좋은 꿀팁이 하나 있습니다. 그것은 '자연을 배경으로 찍기'입니다. 자연을 배경으로 사진을 찍으면 당신의 부드럽고 온화한 성격이 그대로 전달됩니다.

예문 1과 예문 2의 경우 담고 있는 내용은 똑같다. 하지만 말하고자 하는 요지를 쉽게 파악하게 만드는 것은 글 첫머리에 '숙지하면 좋은 꿀팁이 하나 있습니다'라는 표현이 들어간 예문 2가 아닐까 한다. '하나'라는 표현을 씀으로써 그 하나의 중요성이 강조되어 글을 읽는 사람의 집중력이 높아진다.

열거 형 변형 ①

# 첫 번째로/제일 먼저→이어서→마지막으로

열거 형 템플릿의 변형 중 '첫 번째로/제일 먼저→ 이어서→ 마지막으로' 접속사를 사용하는 패턴이 있다. 이번 코너에서는 열거 포인트가 병렬 관계가 아니라 시계열로 이어지는 경우를 다룬다.

| A<br>내용을 한 줄로<br>요약한다 | 회원 포인트를 사용하시려면 다음 3가지 절차가 필요합니다. |
| --- | --- |
| ▼ | |
| B<br>열거 포인트 1 | 제일 먼저 전용 애플리케이션 ○○에 로그인하세요. |
| ▼ | |
| C<br>열거 포인트 2 | 이어서 마이페이지에서 '포인트 사용하기'를 클릭하세요. |
| ▼ | |
| D<br>열거 포인트 3 | 마지막으로 사용할 포인트를 입력한 후 '확인'을 클릭하세요. |
| ▼ | |
| E<br>정리 | 에러 화면이 뜨면 로그아웃한 후 다시 로그인하여 똑같은 순서대로 하세요. |

열거 포인트 1~3은 시계열로 나열한 정보이기 때문에 '첫 번째로/제일 먼저→ 이어서→ 마지막으로'의 흐름이 적절하다. 마지막 '정리' 부분에서는 예측 불허 사태에 대비한 안내를 하고 있다. 이렇게 정리 부분은 총괄적인 내용뿐 아니라 보충해야 할 공지 사항으로도 사용할 수 있다.

중요한 것은 독자나 이용자가 이해하기 쉬워야 한다는 점이다. 경우에 따라서는 열거 포인트를 아래와 같이 조항별 나열 형태로 제시해도 상관없다.

| B<br>열거 포인트 1 | 순서 1 : 전용 애플리케이션 ○○에 로그인하세요. |
| --- | --- |
| ▼ | |
| C<br>열거 포인트 2 | 순서 2 : 마이페이지에서 '포인트 사용하기'를 클릭하세요. |
| ▼ | |
| D<br>열거 포인트 3 | 순서 3 : 사용할 포인트를 입력한 후 '확인'을 클릭하세요. |

열거 형 변형 ②

# 먼저→다음으로/이어서→게다가/그리고

'먼저→ 다음으로/이어서→ 게다가/그리고'의 접속사를 이용하는 패턴도
소개한다.

| A<br>내용을 한 줄로<br>요약한다 | 인생에서 어떤 문제가 발생했을 때의 대처법은 간단하다. 다음 세 단계만 숙지하면 된다. |
|---|---|
| ▼ | |
| B<br>열거 포인트 1 | 먼저 문제의 원인을 알아낸다. |
| ▼ | |
| C<br>열거 포인트 2 | 다음으로 그 원인을 제거한다. |
| ▼ | |
| D<br>열거 포인트 3 | 그리고 다시는 똑같은 문제가 발생하지 않도록 재발 방지 조치를 취한다. |
| ▼ | |
| E<br>정리 | 이 세 단계는 일을 할 때나 인간관계에 이르기까지 인생에서 만나게 되는 다양한 문제 해결에 활용할 수 있다. |

'먼저→ 다음으로/이어서→ 게다가/그리고'는 시계열에 사용하는 '첫 번
째로/제일 먼저→ 이어서→ 마지막으로' 패턴으로 대체할 수 있다.

한편, '먼저→ 다음으로/이어서→ 게다가/그리고'는 아래의 예문처럼 시
계열이 아닌 문장에도 사용할 수 있다. 이것은 '첫 번째로/제일 먼저→ 이
어서→ 마지막으로'에는 없는 성격이다.

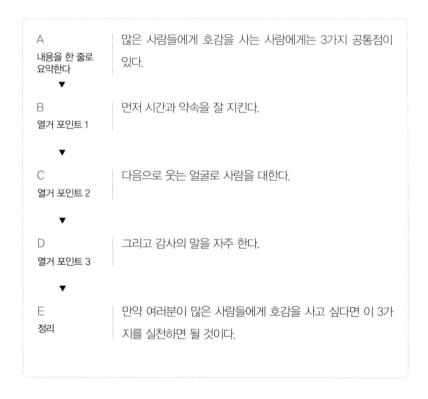

| A<br>내용을 한 줄로<br>요약한다 | 많은 사람들에게 호감을 사는 사람에게는 3가지 공통점이<br>있다. |
| --- | --- |
| ▼ | |
| B<br>열거 포인트 1 | 먼저 시간과 약속을 잘 지킨다. |
| ▼ | |
| C<br>열거 포인트 2 | 다음으로 웃는 얼굴로 사람을 대한다. |
| ▼ | |
| D<br>열거 포인트 3 | 그리고 감사의 말을 자주 한다. |
| ▼ | |
| E<br>정리 | 만약 여러분이 많은 사람들에게 호감을 사고 싶다면 이 3가<br>지를 실천하면 될 것이다. |

'시간과 약속을 잘 지킨다', '웃는 얼굴로 사람을 대한다', '감사의 말을
자주 한다'는 순서를 바꾸어도 성립된다. 따라서 이 경우는 '첫 번째로/제
일 먼저→ 이어서→ 마지막으로'를 사용할 수 없다.

대신 열거 형의 기본인 '첫 번째로/첫째→ 두 번째로/둘째→ 세 번째로/
셋째' 패턴으로는 대체할 수 있다. 다음은 바꾼 문장인데 먼저 문장보다 조
금 더 딱딱한 느낌이다.

| | |
|---|---|
| A<br>내용을 한 줄로<br>요약한다 | 많은 사람들에게 호감을 사는 사람에게는 3가지 공통점이 있다. |
| ▼ | |
| B<br>열거 포인트 1 | 첫째, 시간과 약속을 잘 지킨다. |
| ▼ | |
| C<br>열거 포인트 2 | 둘째, 웃는 얼굴로 사람을 대한다. |
| ▼ | |
| D<br>열거 포인트 3 | 셋째, 감사의 말을 자주 한다. |
| ▼ | |
| E<br>정리 | 만약 여러분이 많은 사람들에게 호감을 사고 싶다면 이 3가지를 실천하면 될 것이다. |

마지막으로 지금까지 소개한 접속사의 차이를 정리해 보자. '병렬'과 '시계열'의 차이, 그리고 '인상'의 차이로 나누어서 알아본다.

---

**접속사에 따른 차이**

첫 번째로/첫째 → 두 번째로/둘째 → 세 번째로/셋째
→ 병렬로 늘어놓은 정보에만 사용할 수 있다.

첫 번째로/제일 먼저 → 이어서 → 마지막으로
→ 시계열로 이어지는 정보에만 사용할 수 있다.

먼저 → 다음으로/이어서 → 게다가/그리고
→ 병렬로 이어지는 정보와 시계열로 이어지는 정보 모두에 사용할 수 있다.

---

## 삼어법(三語法)을 활용하자

삼어법이란 한 가지 사실을 3가지로 표현하는 수사법(修辭法)을 말한다. '심지체(心枝體)', '수파리', '송죽매', '주공수(走攻守)', '의식주', '식사 · 목욕 · 취침', '사람 · 사물 · 돈' 등으로 그 종류와 용도는 다양하다.

어떤 주제에 대해 이야기할 때 삼어법이 딱 어울릴 때가 있다. 예를 들면 "유튜버를 지향하는 사람에게 필요한 '심지체'는 무엇일까요? 제 나름대로 생각을 해보았습니다"라고 쓴 뒤 열거 스타일로 "먼저 '마음(心)'입니다/다음은 '기술(枝)'입니다/그리고 '체력(體)'입니다"라고 쓰고 각 부분에 대해 설명을 한다. 글을 읽는 사람들이 '와~ 정말?', '정말 그러네', '그렇군!'이라고 느끼게 되면 성공한 것이다.

## 열거형 변형 ③

# 8개 이상의 정보는 조항식 열거법으로 쓰자

앞에서 '열거 포인트는 많아도 7개까지로 제한하는 것이 좋다'라는 말을 했다. 그러나 때로는 8개 이상의 정보를 전해야 할 때도 있다. 그때는 조항식으로 열거할 것을 권한다.

| A<br>내용을 한 줄로 요약한다 | 메일을 보낸 후에 '아차!' 싶을 때가 있지 않으신가요? 한번 보내버린 메일을 취소하기란 쉽지 않습니다. 이런 실수를 막기 위해서는 메일 전송 전에 꼼꼼하게 체크를 할 수밖에 없습니다. 오늘은 메일 전송 전에 체크해야 할 12가지 체크포인트에 대해서 소개하겠습니다. |
| --- | --- |
| ▼ | |
| B<br>조항식<br>열거 포인트 | 1. 24시간 내에 답장을 하는가?<br>2. 메일 주소는 정확한가?<br>3. Cc(참조)와 Bcc(비밀 참조)에 오류는 없는가?<br>4. 수신자 이름에 오류는 없는가?/ 수신자에 대한 경어 표현은 올바른가?<br>5. 제목은 구체적이고 이해하기 쉬운가?<br>6. 필요한 파일을 첨부했는가?<br>7. 내용이 이해하기 쉬운가?<br>8. 필요한 정보를 빠트리지는 않았는가?<br>9. 관계없는 사안이나 불필요한 내용을 쓰지는 않았는가? |

12개의 열거 포인트를 조항 쓰기로 소개한 글이다. 열거 포인트가 많아지면 많아질수록 읽는 사람은 받아들이는 데 노력이 필요하다. 하지만 조항 쓰기처럼 일정한 템포로 전달한 글은 스트레스 없이 받아들일 수 있다.

물론 어디까지 문장을 깊게 쓸 것인가는 글의 목적이나 허락된 양에 따라 달라진다. 조항 쓰기만으로 부족하다고 판단될 때는 조항 쓰기에서 부풀리기(자세한 내용을 구체적으로 쓰기) 할 것을 검토해보자.

그렇다고 12개나 되는 포인트를 다 부풀리면 장문이 되는데 그러면 정독률이 떨어진다. 따라서 상대방이 '정보량이 많아도 상관없다'고 생각하는 경우나 끝까지 다 읽는다는 것이 확실하게 보장될 때만 부풀리기를 하도록 한정하자.

다음은 조항 쓰기 부분을 부풀린 예다.

1. 24시간 내에 답장을 하는가?

24시간을 넘길 때는 늦어서 죄송하다는 사과의 말을 꼭 쓰도록 한다.

2. 메일 주소는 정확한가?

메일이 제대로 전송되지 않거나 다른 메일 주소로 잘못 보내는 것은 양쪽에게 다 폐를 끼치는 일이다. 그로 인해 정보 누락이 발생할 우려도 있다.

3. Cc(참조)와 Bcc(비밀 참조)에 오류는 없는가?

특히 'Bcc'로 보내야 하는 메일을 'Cc'로 보내게 되면 메일 주소의 정보 유출로 이어질 우려가 있다.

4. 수신자 이름에 오류는 없는가?/ 수신자에 대한 경어 표현은 올바른가?

이름이나 경어를 잘못 쓰면 상대방의 기분을 상하게 할 수 있다. 이름도 정확한지 확인하자.

5. 제목은 구체적이고 이해하기 쉬운가?

제목에 '안녕하세요?', '수고가 많으십니다', '○○입니다'라는 식으로 한눈에 용건을 확인할 수 없는 애매한 제목은 피하는 것이 좋다. '8일에 있을 영업 회의 건'처럼 간결하면서 적확한 용건을 쓰자.

6. 필요한 파일을 첨부했는가?

자주 하는 실수 중 하나다. 메일을 다시 보내려면 시간과 품이 들기 때문에 파일 첨부 여부를 꼭 체크하도록 하자.

7. 내용이 이해하기 쉬운가?

내용을 빼곡하게 쓴 글은 읽기도 힘들다. 처음 시작하는 행은 들여쓰기 등으로 공백을 주어서 상대방이 읽기 쉽도록 배려하자.

8. 필요한 정보를 빠트리지는 않았는가?

'이게 무슨 뜻이지?', '그 건은 어떻게 되었지?'라는 식으로 상대방의 고개를 갸우뚱하게 할 수 있는 중요한 정보를 빠트리지 않도록 주의하자.

9. 관계없는 사안이나 불필요한 내용을 쓰지는 않았는가?

용건과는 관계없거나 엉뚱한 화제, 불필요한 배경 설명 등을 장황하게 늘어놓는 것은 좋지 않다. 상대방이 그것을 원하는지 여부를 확실하게 파악한 후에 쓰는 것이 좋다.

10. 오탈자는 없는가?

오자나 탈자가 많으면 상대방으로부터 '국어 실력이 형편없다'거나 '우리말을 제대로 모른다'는 낙인이 찍힐 수 있다. 오탈자가 없는지 여러 번 확인하자.

11. 쉬운 말로 썼는가?

   자신에게는 쉬운 말이라도 상대방에게는 어렵게 느껴지거나 너무 전문적이

   어서 이해하기 어려운 경우가 있다. 상대방이 알아듣기 쉬운 말로 쓰자.

12. 상대방이 읽고 불쾌해 할 표현은 없는가?

   일방적인 메일이나 상대를 깔보는 듯한 내용의 메일, 예의에 벗어난 메일은

   읽는 사람을 불쾌하게 만들기 때문에 조심하는 것이 좋다.

조항식 열거 포인트를 부풀리기 하여 한결 이해가 쉽고 유용성도 높아

졌다. 조항 쓰기로 요점만 전달하는 것이 좋을지 부풀린 문장을 첨가하는

것이 좋을지는 글의 목적이나 글을 읽는 독자의 니즈에 따라 판단하는 것

이 좋다.

# 열거 형 템플릿으로 한 줄 쓰기 연습

당신이 좋아하는 장소를 하나 떠올려보라. 관광지나 레저 시설, 음식점, 공원, 온천, 산, 바다 등 어떤 곳이라도 좋다. 하나를 선택했다면 좋아하는 이유를 생각한 후 열거 형 템플릿으로 한 줄 쓰기를 하자.

A | 내용을 한 줄로 요약한다

나는 _____ 를 좋아한다. 이유는 3가지다.


B | 열거 포인트 1(이유는 첫째 ∼이다)

_____

_____


C | 열거 포인트 2(둘째는 ∼이다)

_____

_____


D | 열거 포인트 3(셋째는 ∼이다)

_____

_____


E | 정리(△△한 사람에게는 특히 추천한다)

_____

_____

# 제3장

# '결론우선 형'으로
# 상대방을 설득하자

글의 설득력을 한층 높이는 것이 바로 '결론우선 형'이다.

무언가를 어필하고 싶거나 보고서를 작성할 때,

나아가 상대방 의견에 반대 의견을 개진하고 싶을 때도

'결론우선 형'이 유용하게 쓰인다.

# 설득력이 높아지는
## '결론우선 형'

---

**'결론우선 형' 템플릿**

A  결론을 쓴다
  └ 나는 ○○이라고 생각한다.

▼

B  이유 및 근거를 쓴다
  └ 왜냐하면 □□이기 때문이다.

▼

C  구체적인 예 · 상세 내용을 쓴다
  └ 예를 들면 △△라는 것이 있다.

▼

D  정리
  └ 그러므로 나는 ○○라고 생각하는 것이다.

---

### 결론우선 형 템플릿이란?

결론우선 형 템플릿이란 말 그대로 제일 먼저 결론을 제시한 후 결론에 대한 견해를 자세하게 써 나가는 템플릿을 말한다. 글 첫머리에서 결론을 내린 후에 왜 그런 결론을 내렸는지에 대한 대답에 해당하는 이유를 쓰고 이어서 결론의 설득력을 높이기 위한 구체적인 사례와 자세한 설명을 쓴다. '결론→ 이유→ 구체적인 예'의 형태로 흐르는 글은 읽는 사람을 설득하기 좋은 구조다.

> **결론우선 형 문장**
>
> 나는 잠들기 전 한 시간 동안 스마트폰을 보지 않으려고 한다. 왜냐하면 스마트폰 화면에서 나오는 빛은 교감신경을 자극해서 뇌를 흥분 상태로 만들기 때문이다. 그래서 자기 전에 스마트폰을 보는 대신 책을 읽었더니 놀랄 만큼 쉽게 잠에 빠졌다. 앞으로도 취침 전 '스마트폰 디톡스'를 계속해 나갈 생각이다.

위의 내용을 분석해보자.

| | |
|---|---|
| A<br>결론을 쓴다 | 잠들기 전 한 시간 동안 스마트폰을 보지 않으려고 한다. |
| ▼ | |
| B<br>이유 및 근거를<br>쓴다 | 스마트폰 화면에서 나오는 빛은 교감신경을 자극해서 뇌를 흥분 상태로 만들기 때문이다. |
| ▼ | |
| C<br>구체적인 예·<br>상세 내용을 쓴다 | 자기 전에 스마트폰을 보는 대신 책을 읽었더니 놀랄 만큼 쉽게 잠에 빠졌다. |
| ▼ | |
| D<br>정리 | 앞으로도 취침 전 '스마트폰 디톡스'를 계속해 나갈 생각이다. |

A의 '결론을 쓴다'에서는 글에서 무엇을 이야기하고 싶은지가 선명하게 드러난다. 요즘 같은 시대에 적합한 전달 방식이다. 처음에 결론이 보이지

않으면 아예 글 읽는 것 자체를 포기하는 사람이 많아졌기 때문이다.

글을 읽는 동안 가장 높은 집중력이 발휘되는 것은 글을 읽기 시작한 지 몇 초에서 수십 초 사이다. 그동안 글을 읽는 사람이 흥미를 가질 수 있는 결론을 이끌어낸다면 이어지는 글에 대한 기대감을 높일 수 있다.

결론우선 형은 읽는 사람의 머릿속에 가장 쉽게 입력되는 템플릿 중 하나다. 난해하고 두서없는 글을 읽다보면 '그래서 결론이 뭐야?', '무슨 말이 하고 싶은 거야?'라는 말이 나도 모르게 툭 튀어나온다. 그런 점을 생각할 때 결론우선 형은 글을 읽자마자 글쓴이의 결론, 즉 중요한 메시지가 선명하게 보인다. 결론이 일단 머릿속에 입력되면 이어지는 이유나 구체적인 사례도 머릿속에 잘 들어오기 마련이다.

결론우선 형은 글을 쓰는 사람에게도 메리트가 있다. 글 첫머리에서 결론을 내야 하기 때문에 좋든 싫든 간에 무엇을 말하고 싶은지를 먼저 생각하지 않을 수 없다. 결론을 명료화시키는 작업은 머릿속에 있는 대량의 정보에서 '이거다!' 싶은 한 가지를 끄집어내는 정보 편집 작업이기도 하다. '이거다!' 싶은 것이 글의 큰 줄기가 된다. 이 작업을 제일 먼저 끝냄으로써 지리멸렬한 글이 되는 것을 막는다.

결론우선 형은 글 쓸 때만 효과를 발휘하는 것이 아니다. 말로써 정보를 전달할 때도 똑같은 효과를 발휘한다.

"사실 나 지금 클레임 처리 같은 걸 담당하는 고객 지원 부서에서 매일 100건 이상의 메일을 처리하면서 고객한테서 쏟아지는 클레임에 대한 통계도 내고 있는데 어제 조금 문제가 생겨서 그 건으로 총괄 매니저한테 불려 갔는데……."

만약 여러분이 이런 방식으로 하고 싶은 말을 전달한다면 주의가 필요하다. 이야기의 결론을 알 수가 없어서 이야기를 듣는 사람에게는 민폐가 될 수도 있다. 아마 이야기를 듣는 상대방은 속으로 다음과 같은 생각을 하고 있을 것이다.

- 도대체 무슨 얘기를 하고 싶은 거지?
- 나한테 무슨 상담이라도 하고 싶은 걸까?
- 매니저 욕이 하고 싶은 걸까?
- 문제의 해결책에 대해 조언을 구하고 싶은 건가?
- 결론도 없는 이야기를 언제까지 듣고 있어야 하는 거지?

이야기를 듣는 사람의 머릿속에는 이런 의문이 떠오를 것이다. 이것은 상대방의 시간을 빼앗는 일에 해당된다. 시간뿐 아니라 상대방을 당황스럽게 하거나 불필요한 곳에 머리를 쓰게 해서 에너지를 빼앗는 셈이다.

결론이 없는 이야기를 자주 하는 사람일수록 결론우선 형 템플릿이 효과가 있다. 반드시 전달해야 하는 결론이나 메시지를 맨 먼저 전달함으로써 '결론 부재'에서 벗어날 수 있기 때문이다.

"○○씨, 괜찮으시다면 좀 도와주지 않을래요? 클레임 대응 문제 때문에 혼자 처리하기가 좀 벅차네요."

처음부터 '결론(일을 도와주기 바란다는 부탁)'과 '이유(문제가 생겨 어려움을 겪고 있음)'를 전달함으로써 듣는 사람이 이야기의 전체 내용을 파악할 수 있다. 어떤 문제가 있었는지에 대해서는 이어지는 구체적인 사례와 상세 내용을 통해서 전달하면 된다.

결론우선 형의 흐름에 따른다는 것은 글을 한 그루의 나무로 치면 '줄기(결론) → 가지(이유 및 근거) → 잎(구체적인 예 · 상세 내용)'의 순서로 전달하는 것을 말한다.

## 나쁜 글과 결론우선 형 글을 비교해보자

**원문_나쁜 글의 예**

본격적인 저출산 고령화사회가 도래함에 따라 앞으로 사회는 어떻게 바뀌어 갈 것인가? 한 치 앞도 예측할 수 없는 하루하루가 지속되고 있다. 중소기업의 우수한 인재 유출이 큰 문제가 되고 있는데 대부분의 중소기업은 그에 대한 해결책을 내놓지 못하고 있다.

인재 채용 방식의 개혁과 인재 육성 노하우 획득, 재택근무 제도 도입 등 다양한 방법이 제시되는 가운데 구체적인 방법과 효과에 대한 검증도 진행되고 있다.

재택근무 제도는 출산이나 간병을 이유로 이직할 수밖에 없는 인재의 유출을 막을 수 있고 육아 중인 주부나 시니어의 고용을 창출할 수 있다. 특히 자금력이 없는 중소기업의 경우 직원 한 사람의 시간 효율성과 노동생산성을 높일 수밖에 없다.

그럼에도 불구하고 신중하게 인재 채용과 육성에 주력하는 중소기업은 5퍼센트에도 미치지 못한다. 경영자는 당장 눈앞의 매출에 연연해서 장기적인 관점에서 판단할 수 없는 것이다. 또 개혁에 따른 일시적인 생산성 저하를 받아들일 수 있을 만큼의 체력이 뒷받침되지 못하는 것도 과제다.

개인적으로는 A사가 시행하고 있는 재택근무 제도는 중소기업의 매출을 개선하는 좋은 모델이 되고 있어 기대하고 있다. 중소기업 경영자에게 최대 리스크는 변화하지 않는 것, 도전하지 않는 것이라는 사실을 깨닫기 바란다.

글을 읽다보면 머리가 아프다. 많은 것을 이야기하지만 글쓴이가 정작 말하고 싶은 결론이 무엇인지가 분명하지 않다. 일관성과 논리성이 결여되어 있다고 해도 과언이 아니다. 어쩌면 글을 쓰는 사람 자신도 스스로가 무슨 말을 하고 싶은지 결론을 내지 못하고 있는 건지도 모른다. 그래서 머릿속에 있는 정보를 정리하지 못해 생각나는 대로 마구 늘어놓는 것이다.

모든 정보를 다 전달할 필요는 없다. 글을 읽는 사람을 제대로 이해시키고 납득시키기 위해서 어떤 정보를 드러내고 어떤 정보를 감출지 취사선택하면 된다. 아울러 전달하는 순서도 중요하다. 글쓴이가 쓰고 싶은 순서가 아니라 글을 읽는 사람이 이해하기 쉬운 순서로 써야 한다.

글을 다 읽고 나서 '그래서 무슨 말이 하고 싶은 거야?'라며 어두운 표정을 짓는다면 그 글은 실격이다. 왜냐하면 글을 읽는 사람으로 하여금 쓸데없이 머리를 쓰게 만든 데다 의문과 질문을 남기게 했기 때문이다. 글을 읽는 사람이 이해하지 못하는 상황을 만든 책임은 당연히 글쓴이에게 있다. 이러한 비극을 막기 위해서는 템플릿, 특히 결론우선 형 템플릿이 큰 역할을 한다.

---

**수정문_결론우선 형**

| A<br>결론을 쓴다 | 인재 부족으로 고민하는 중소기업이야말로 재택근무 제도를 도입해야 한다. |
|---|---|
| ▼ | |
| B<br>이유 및 근거를 쓴다 | 왜냐하면 출산이나 간병을 이유로 이직할 수밖에 없는 직원의 유출을 막을 수 있기 때문이다. 재택근무 제도를 도입함으로써 육아 중인 주부나 시니어 층의 고용까지도 창출할 수 있다. 또한 일반 사원도 출퇴근에 걸리는 시간 비용과 육체 비용(노동 스트레스)이 감소되어 일의 효율과 생산성을 높일 수 있다. |
| ▼ | |
| C<br>구체적인 예·<br>상세 내용을 쓴다 | 재택근무 제도를 성공적으로 시행하고 있는 곳이 A사다. A사는 300명 이상의 직원 중 절반을 재택근무로 돌림으로써 여성의 이직률이 33퍼센트 낮아졌고 사업생산성(직원 1명당 매출)이 15퍼센트 향상되었다. A사는 롤 모델로 교육 비즈니 |

---

| | 스 업계는 물론 다른 업계에서도 주목받고 있다. |
| :--- | :--- |
| ▼ | |
| D<br>정리 | 재택근무 제도는 중소기업의 체력을 강화하는 데 큰 기여를 한다. 저출산 고령화사회에 적합한 시스템으로 앞으로도 더욱 주목받게 될 것이다. |

글을 시작할 때 결론을 명확하게 밝힘으로써 글을 읽는 사람은 이어지는 글을 안심하고 읽을 수 있다. 이어지는 B '이유 및 근거'와 C '구체적인 예·상세 내용'은 A '결론(메시지)'의 설득력을 높이는 재료다. 글을 읽는 동안 조금씩 설득력이 높아진다.

SNS에서 유용한 꿀팁 ⑤

**3초 안에 시선을 끄는 문장 기술**

인터넷과 이메일, SNS가 대두된 이래 디지털 정보량은 증가 일로에 있다. 2025년에는 2016년 대비 10배가 넘을 것이라는 예측도 있다. 물론 SNS 상의 정보량도 계속해서 증가하게 될 것이다.

그런 가운데 개인이 쓰는 글은 지금까지보다 '건성으로 훑어 읽기' 가능성이 더 높아지고 있다. 특히 결론이 보이지 않는 '모호한 이야기'나 '알맹이 없는 이야기'는 웬만한 유명 인사가 쓴 글이 아닌 이상 잘 읽지 않는다.

그래서 더욱 중요해지는 것이 결론우선 형 템플릿이다. 심혈을 기울여 쓴 글이 마지막까지 잘 읽히려면 글 첫머리에서 결론을 명확하게 쓰는 것은 물론 결론으로 읽는 사람의 흥미와 관심을 확 끌어들일 수 있어야 한다. 처음 3초에 승부가 난다. 그런 생각으로 결론 제시에 힘을 쏟아보자.

# 결론우선 형 사용 팁 ①

# 결론으로 흥미를 끌어라

결론우선 형 템플릿의 큰 특징 중 하나는 A의 '결론을 쓴다(가장 중요한 메시지를 쓴다)'이다. 글 첫머리에서 결론을 명확하게 제시함으로써 글을 읽는 사람의 이해도가 높아진다. 결론이 어렵거나 결론 비슷한 것이 몇 개씩 있으면 읽는 사람의 이해도가 떨어진다. 질질 끌지 않고 단도직입적으로 쓰는 것이 무엇보다도 중요하다.

물론 결론이 간결하고 적확하기만 해서는 안 된다. 정보 전달만을 목적으로 하는 경우는 그것으로 충분할지 모르지만 그렇지 않은 경우 결론에 흥미를 갖지 못한 사람들은 굳이 다음 글을 읽지 않기 때문이다.

다음의 2가지 첫머리 중에서 이어지는 글이 궁금해지는 것은 어느 쪽일까?

---

① 아이의 성적을 올리고 싶다면 반드시 학원에 보내자.
② 아이의 성적을 올리고 싶다면 매일 아이에게 구두를 닦게 하자.

---

①, ② 모두 글쓴이의 결론을 나타내는 문장이다. 하지만 다음 글이 궁금해지는 것은 ② 쪽이 아닐까? 왜냐하면 ①은 너무 흔하고 구태의연한 메시지인데 반해 ②의 메시지는 참신하고 흥미를 끌기 때문이다. ② 문장을

접하면 '어라? 아이의 성적과 구두 닦는 것이 무슨 연관이 있지?'라는 생각이 들어서 다음 글이 궁금해진다.

그렇다고 기상천외하고 진기한 결론만 쓰라는 말은 아니다. 중요한 것은 자신이 전달하려는 메시지가 상대방에게 '읽고 싶은' 생각이 들게 하는가에 대해서 깊이 고민하라는 뜻이다. 평범하고 재미없는 결론이나 시간을 내서라도 계속 읽고 싶은 생각이 들지 않는 결론은 쓰지 않는 편이 나을지도 모른다.

A의 '결론을 쓴다'에서 읽는 사람의 흥미를 끌면서 가치 있는 무언가를 제공할 수 있다면 가장 이상적인 글이 된다.

다음 글은 흥미를 끄는 첫머리의 예다.


- 다이어트를 할 때는 방법을 운운할 것이 아니라 유전자 검사 키트를 이용해서 자신의 체질부터 파악해야 한다.
- '돈이 잘 모이지 않는다'고 탄식하는 사람에게는 공통점이 있다. 그것은 가계부를 쓰지 않는다거나 낭비가 심하다거나 하는 것이 아니다. 마음속에 '치유되지 않는 상처가 있다'는 것이다.
- 현명해지기를 바란다면 갑자기 공부를 시작해서는 안 된다. 먼저 뇌를 속이는 언어 사용법부터 마스터해야 한다.
- 만약 'AI는 인간의 적이다', 'AI에게 일을 빼앗긴다'는 불안감을 느낀다면 그 사람의 시야는 상당히 좁다고 말할 수 있다.
- 내가 외식을 즐기는 것은 자취가 싫어서도 미식가여서도 아니다. 비슷한 음식을 계속 먹어서 생기는 편식의 리스크를 줄이기 위한 것이다.

글의 매력은 '글쓰기 방식'만으로 결정되는 것이 아니다. '내용'과 '글쓰기 방식'이 합쳐진 기술로 결정된다. 그중에서도 '결론'은 내용의 중심핵을 담당하는 중요한 부분이다. 글을 읽는 사람이 '흥미를 갖기 어려운 결론'보다는 '흥미를 갖기 쉬운 결론'이, '너무 평범한 결론'보다는 '조금은 기발한 결론'이 되도록 의식하자!

결론우선 형

# 결론우선 형 사용 팁 ②
## 이유 및 근거로 설득력을 높인다

B의 '이유 및 근거'는 앞에서 제시한 결론의 설득력을 높이는 데 매우 중요하다. 당신은 다음 ①~③ 중에서 어느 글에 설득될 것 같은가?

① 이번 주 토요일에는 비가 내릴 겁니다. 지난주 토요일에도 비가 내렸기 때문이지요.

② 이번 주 토요일에는 비가 내릴 겁니다. 지금이 한창 장마철이잖아요.

③ 이번 주 토요일에는 비가 내릴 겁니다. 오늘 일기예보에서 토요일에 비 올 확률이 90퍼센트라고 말했거든요.

'이번 주 토요일에는 비가 내릴 겁니다'라는 결론에 대해서 ①~③은 제시하는 근거가 모두 다르다. ①의 근거는 설득력이 전무하다. 일주일 전에 비가 내렸다고 해서 이번 주에도 비가 내린다고는 말할 수 없다. ②의 '한창 장마철'이라는 근거는 ①보다는 설득력이 조금 높지만 그렇다고 아주 설득력 있는 것은 아니다. 장마철이라도 비가 내리지 않는 날이 있기 때문이다.

위의 3가지 글 중에서 가장 설득력이 높은 것은 ③이다. 일기예보는 최신 기술을 동원해서 수집한 기상정보를 근거로 기상청과 기상예보관이 발표하는 것이므로 정확도는 개인이 예상하는 것과는 비교가 되지 않는다.

따라서 기상예보가 이끌어낸 '강수 확률 90퍼센트'는 '이번 주 토요일에는 비가 내릴 겁니다'라는 결론을 뒷받침하는 근거로 충분하다.

이유 및 근거를 제시할 때 주의해야 하는 것은 '타당성'이다. 이유 및 근거는 결론의 설득력을 뒷받침하는 것이다. 만약 상대방이 '그게 이유라고?', '그게 도대체 무슨 뜻이야?', '난 또 뭐라고…(대단한 이유는 아니네)' 같은 반응을 한다면 실패한 것이다. 상대방에게 '흠, 그렇구나', '맞는 말이야!', '아하, 이제야 알겠네'라는 반응을 이끌어내야 한다.

이유 및 근거를 제시할 때 중요한 것은 객관적인 사실을 담아야 한다는 것이다. 가능한 누구나 납득할 만한 숫자나 데이터를 제시하는 것이 논리적이고 타당성이 높다. 예를 들면 관련 기관에서 발표한 〈자녀의 독서 활동 추진 계획에 관한 조사 연구〉 보고서 개요(2018년) '과거 한 달 동안 '종이 책'을 읽은 아동은 초등학생 69.8퍼센트, 중학생은 62.1퍼센트, 고등학생은 47.4퍼센트였다'처럼 객관적인 데이터나 공표된 사실을 인용하면 결론의 설득력이 한층 높아진다.

한편 개인의 주관적인 감각이나 판단은 결론을 뒷받침하는 이유나 근거로 약하다. '그건 당신의 개인적인 체험(의견/판단/감각)일 뿐이잖아요'라는 생각을 갖게 하기 때문에 상대방을 납득시킬 수 없다. 물론 결론의 종류에 따라서는 개인의 체험이라도 납득하는 경우가 있기는 하다.

하지만 아무리 매력적인 결론이라도 이유나 근거가 약하면 유감스럽게도 상대방을 납득시킬 수 없다. 결론이 참신하거나 의외성이 있어도 상대방을 설득하는 데는 충분한 이유나 근거를 제시할 필요가 있다. 이유나 근거가 약한 글만 계속 쓰면 글에 대한 신용도가 떨어질 수밖에 없다. 철저히 조사해서 주장에 상응하는 이유나 근거를 수집할 필요가 있다.

## 결론우선 형 사용 팁 ③
# 구체적인 예로 느낌을 전달한다

B의 '이유 및 근거 쓰기'와 달리 C의 '구체적인 예 · 상세 내용 쓰기'에서 요구되는 것은 개인적인 체험담이나 사례 같은 것이다. 이유나 근거가 '논리'라면 구체적인 예는 '느낌'이다. '논리'는 머리로 이해하기 위해 필요한 것이고 '느낌'은 마음으로 납득하기 위해 필요한 것이다.

글의 주제가 '획기적인 감기 치료법'이라면 C의 '구체적인 예 · 상세 내용 쓰기'에서 자신이 어떻게 감기를 치료했는지에 대한 과정과 상황의 전말을 자세히 써서 글을 읽는 사람을 납득시킬 수 있다.

'요코하마는 내가 아주 좋아하는 도시다. 왜냐하면 음식 골목이 잘 발달되어 있기 때문이다'라는 '결론+이유 및 근거'의 글이라면 C의 '구체적인 예 · 상세 내용 쓰기'에서 '요코하마 차이나타운'이나 '미나토미라이'의 맛집 골목, 핫플레이스를 소개하면 글의 신빙성과 설득력이 높아진다.

"어제도 '먹다 죽자'를 목표로 요코하마 차이나타운에 갔는데~"라는 식으로 글쓴이가 그곳에서 실컷 먹고 즐겼던 체험을 쓰면 읽는 사람이 설득당할 확률이 높아진다. 왜냐하면 남의 체험담을 공유하면서 자신도 '간접 체험'을 하기 때문이다.

'결론+이유 및 근거'를 처음에 이해했다고 해도 상대는 아직 완전히 납득한 것이 아니다. 그렇기 때문에 리얼리티를 느끼게 해줄 체험담이나 구체적인 예를 제시하면 글을 납득시키는 데 조금 더 효과적이다. 당신이 쓰는 글의 설득력을 높이기 위해서는 이론에만 매달리지 말고 구체적인 예를 제시해야 한다는 것을 명심하자.

# 결론우선 형 예문 ①

# 소개문(블로그 기사)

## 한 줄 쓰기로 뼈대를 세운다

먼저 한 줄 쓰기로 글의 뼈대를 세운다.

| A<br>결론을 쓴다 | 좋은 첫인상을 남기고 싶다면 퍼스널 컬러 진단을 받아볼 것을 권한다. |
|---|---|
| ▼ | |
| B<br>이유 및 근거를 쓴다 | 퍼스널 컬러 진단으로 자신에게 어울리는 색(퍼스널 컬러)을 알 수 있다. |
| ▼ | |
| C<br>구체적인 예 · 상세 내용을 쓴다 1 | 퍼스널 컬러에는 4가지 타입이 있다. |
| ▼ | |
| C<br>구체적인 예 · 상세 내용을 쓴다 2 | 퍼스널 컬러 진단을 받은 사람들 대부분이 매우 만족스럽다는 반응을 보인다. |
| ▼ | |
| D<br>정리 | 외모나 첫인상에서 불이익을 받지 않으려면 퍼스널 컬러 진단을 받아보는 것이 좋을 것 같다. |

다음에는 각 파트별로 부풀리기를 한다.

## 부풀리기로 글을 완성한다

| | |
|---|---|
| A<br>**결론을 쓴다** | 외모를 매력적으로 연출해서 상대방에게 좋은 첫인상을 남기고 싶다면 퍼스널 컬러 진단을 추천한다. 퍼스널 컬러 진단이란 타고난 피부나 눈동자, 머리카락 색 등을 통해서 각자에게 맞는 색깔의 타입을 알려주는 진단을 말한다. |
| ▼ | |
| B<br>**이유 및 근거를 쓴다** | 퍼스널 컬러 진단을 받으면 자신에게 어울리는 색깔 즉, 퍼스널 컬러를 알 수 있다. 퍼스널 컬러로 단장하면 세련되고 품위 있는 모습이 될 수 있다.<br>투명하고 아름다운 피부를 보여줄 수 있고 얼굴 라인을 정리해서 얼굴을 작게 보이게도 한다. 또한 옷이나 구두, 모자, 메이크업 제품, 핸드백, 액세서리 등 몸치장이나 장신구 등의 색상 선택에도 도움이 되기 때문에 외출 준비가 일단 즐겁다. |
| ▼ | |
| C<br>**구체적인 예 · 상세 내용을 쓴다 1** | 퍼스널 컬러에는 4가지 타입이 있는데 봄, 여름, 가을, 겨울로 각각 계절 이름이 붙어 있다. 타입별로 '파란색이 어울린다', '빨간색이 어울린다' 식의 단순한 분류가 아니라 '감색이 도는 중후한 파란색'이 어울리는 사람, '산뜻한 스카이블루'가 어울리는 사람이 있다는 식으로 각자에게 어울리는 색깔 타입을 찾아준다.<br>만약 파란색이라면 봄에 어울리는 파란색이 있는가 하면 겨울에 어울리는 파란색이 있다는 식이다. |
| ▼ | |
| C<br>**구체적인 예 · 상세 내용을 쓴다 2** | 퍼스널 컬러 진단을 받은 사람들의 만족도는 매우 높아서 '색상을 어떻게 조합해야 하는지를 알게 되었다', '유행하는 컬러 매치가 자연스러워졌다', '완벽하지는 않지만 좋아하는 |

색을 잘 매치해서 입을 수 있게 되었다', '옷이나 화장품의 낭비가 줄었다' 등 많은 사람이 메리트를 느끼고 있다. 자신에게 어울리는 색깔을 알게 됨으로써 몸과 마음이 한결 가벼워지고 인생관이 크게 바뀌는 사람도 있다.

▼

D
정리

어떤 색상을 선택하느냐에 따라서 사람의 외모나 인상이 바뀌고 매력도가 한층 상승한다. 외모에 대한 칭찬을 받으면 자신감도 생긴다. 따라서 외모나 첫인상에서 불이익 받는 일이 없도록 퍼스널 컬러 진단을 받아볼 것을 추천한다.

앞의 글은 '결론→ 이유 및 근거→ 구체적인 예·상세 내용' 쓰기로 이어지는 동안 '퍼스널 컬러 진단'에 대한 지식이 점차 확대된다. 따라서 글을 읽다보면 '나도 퍼스널 컬러 진단을 받아보고 싶다'는 생각이 들게 만든다.

'구체적인 예·상세 내용 쓰기'의 C파트를 2개로 나누었다. C-1에서는 퍼스널 컬러 진단에 대한 자세한 설명을 쓰고, C-2에서는 퍼스널 컬러 진단을 받은 사람의 구체적인 사례를 썼다.

'퍼스널 컬러 진단을 추천합니다'라는 결론의 설득력을 높이기 위해서는 이런 식으로 내용을 심층적으로 파고들어 갈 필요가 있고 체험담이나 실제 사례와 같은 구체적인 예를 소개하는 것 역시 필요하다.

가령 C-1의 '퍼스널 컬러 진단의 구체적 내용'이 생략된다면 퍼스널 컬러 진단에 대한 정보를 제대로 알 수가 없다. 따라서 글을 읽는 사람은 '도대체 퍼스널 컬러 진단이란 게 뭘 하는 거야?'라는 의문이 생길 수 있다. 그렇게 되면 글에 흥미를 갖기가 어렵다.

C-2의 퍼스널 컬러 진단을 받은 사람의 체험담이 빠진다면 퍼스널 컬러의 지식을 체득함으로써 얻어지는 메리트를 느낄 수 없기 때문에 C-1이

빠진 경우처럼 흥미를 잃게 될 확률이 높다. 그런 의미에서 C-2에 퍼스널 컬러를 알게 된 사람의 '만족감을 표현한 체험 후기'를 소개한 것이 유효했다고 할 수 있다. 체험자의 생생한 체험 후기를 통해서 퍼스널 컬러의 효과를 느낄 수 있기 때문이다.

## 결론우선 형 예문 ②

# 반대 표명(비즈니스 문서)

한 줄 쓰기로 뼈대를 세운다

먼저 한 줄 쓰기로 글의 뼈대를 세운다.

| | |
|---|---|
| A<br>결론을 쓴다 | 차세대 경영인 육성회의 입회비와 월 회비 인하에 반대한다. |
| ▼ | |
| B<br>이유 및 근거를<br>쓴다 | 회원의 질적 저하를 초래하는 것 외에도 육성회의 분위기를<br>해칠 수 있다. |
| ▼ | |
| C<br>구체적인 예 ·<br>상세 내용을 쓴다 | X사 '인하 실시→실패' / Y사 '인상 실시→성공' |
| ▼ | |
| D<br>정리 | X사와 Y사의 결과를 토대로 가격 설정의 재검토를 요구한다. |

다음에는 각 파트별로 부풀리기를 한다.

# 부풀리기로 글을 완성한다

| A<br>결론을 쓴다 | 결론부터 말하자면 차세대 경영인 육성회의 입회비와 월 회비 인하에 반대합니다. |
|---|---|
| ▼ | |
| B<br>이유 및 근거를 쓴다 | 왜냐하면 회원의 질적 저하를 초래하기 때문입니다. 참여도가 낮은 회원이 늘어나면 회의 분위기가 흐려져 회원들의 사기가 저하될 수밖에 없습니다. |
| ▼ | |
| C<br>구체적인 예 · 상세 내용을 쓴다 | 예전에 X사에서도 비슷한 사례가 있었는데 회비 인하로 인해 입회자 수는 현저히 늘었지만 회원의 질적 저하와 회의 분위기가 나빠지는 바람에 이후 회원 유지율이 떨어졌습니다.<br>한편 입회비와 월 회비를 각각 10퍼센트 인상한 Y사의 경우, 입회자 수는 감소했지만 회원의 질이 향상되어 회원 유지율이 대폭 상승했습니다. 참여도가 높은 회원이 활발하게 활동하면서 회의 분위기도 훨씬 더 좋아졌습니다. |
| ▼ | |
| D<br>정리 | 입회비와 월 회비의 인하가 어떤 결과를 초래하는지는 X사와 Y사의 사례에서 밝혀진 것과 같습니다. 장기적인 관점에서 회비 인하가 초래하는 장점과 단점을 비교 검토하는 것이 좋을 것 같습니다. |

결론우선 형

찬성이나 반대를 표명하는 글에서는 이유가 매우 중요하다. 이유의 타당성이 높을수록 결론의 설득력이 높아지는 반면 타당성이 낮으면 설득력이 낮아진다. 참여도가 낮은 사람이 늘어나면 회의 분위기가 흐려지고 회원의 사기가 떨어질 수밖에 없다고 하는 이유에는 설득력이 느껴진다.

한편 반대의 이유는 알겠지만 '그래도 회비 인하의 메리트가 더 큰 거 아니야?'라고 생각하는 사람이 있을 수도 있다. 그 사람들을 납득시킬 수 있는 글이 C의 '구체적인 예·상세 내용 쓰기'다. 예문에서는 타사의 사례를 인용했다. 회비를 인하해서 실패한 X사와 회비를 인상해서 성공한 Y사를 비교함으로써 글을 읽는 사람을 설득하는 데 성공했다고 할 수 있다.

이렇듯 '결론→ 이유 및 근거→ 구체적인 예·상세 내용' 쓰기로 이어지는 동안 설득력이 높아지는 결론우선 형은 의견(찬성 또는 반대)이나 주장을 표명할 때 매우 효과적이다.

# 결론우선 형 예문 ③

# 자기 PR 글(입사 지원서)

한 줄 쓰기로 뼈대를 세운다

먼저 한 줄 쓰기로 글의 **뼈대**를 세운다.

| | |
|---|---|
| A<br>**결론을 쓴다** | 나의 장점은 기획력과 창의력이다. |
| ▼ | |
| B<br>**이유 및 근거를<br>쓴다** | 아르바이트하던 곳에서 여러 캠페인을 기획하여 히트시킨 경험이 있다. |
| C<br>**구체적인 예 ·<br>상세 내용을 쓴다** | 인스타그램을 이용한 기획이나 세대 차 극복을 위한 기획을 히트시킨 경험이 있다. |
| ▼ | |
| D<br>**정리** | 사람들이 좋아할 만한 기획 능력은 귀사에 도움이 될 수 있을 것이라고 확신한다. |

다음에는 각 파트별로 부풀리기를 한다.

## 부풀리기로 글을 완성한다

| A<br>결론을 쓴다 | 저의 가장 큰 장점은 기획력과 창의력입니다. |
| --- | --- |
| ▼ | |
| B<br>이유 및 근거를<br>쓴다 | 약 2년간 아르바이트를 하던 레스토랑에서 '캠페인 기획 팀장'을 맡았던 것이 계기가 되어 계절마다 '어떻게 하면 고객을 많이 유치할까?'를 고민하여 점장님께 다양한 캠페인을 제안했는데 대부분 좋은 결과를 얻었습니다. |
| ▼ | |
| C<br>구체적인 예 ·<br>상세 내용을 쓴다 | 가게 안에 SNS에서 돋보이는 '그때를 아십니까?' 식의 레트로 공간을 5군데 설치했더니 여고생의 방문율이 급증했습니다. 손님들이 트위터나 인스타그램에 사진을 올리니 자연히 홍보가 되어 캠페인 기간 중에 내점 고객 수가 평소 5배를 기록했습니다. 또한 '할아버지, 할머니를 모시고 컴온~' 캠페인은 '세대 차 극복 아이디어'로 주목받아 TV 방송국에서 밀착 취재를 나오기도 했습니다. |
| ▼ | |
| D<br>정리 | 저는 '어떻게 하면 사람들을 즐겁게 할까?'를 생각하는 것과 그 생각을 실현하는 과정을 좋아합니다. 귀사의 직원으로 채용된다면 저의 능력을 충분히 발휘해 귀사에 도움이 되고 싶습니다. |

글자 수나 글쓰기 공간에 제한이 있는 이력서 등에도 결론우선 형은 무척 유용하다. 두서없이 쓰면 글 쓸 공간이 부족해지기 때문이다. 쓸데없는 말을 줄이고 설득력 있는 글을 쓰기 위해서는 '결론 → 이유 → 구체적 사례'의 순서가 이상적이다.

만약 '나는 2년간, 레스토랑에서 아르바이트를 했습니다'라는 식으로 앞이 보이지 않는 에피소드로 글을 시작하면 '결론이 없네', '별 시시한 에피소드까지 읽어야 하나?'라는 생각이 들어서 글을 읽는 사람의 관심이 낮아질 수 있다.

비즈니스 현장에서는 '결론 먼저 전달하기' 방법이 가장 이상적이라고 할 수 있다. 기업의 채용 담당자는 이력서 글을 통해서 지원자의 언어 능력이나 언어 전달 능력 수준을 파악한다고 해도 과언이 아니다.

'당신의 장점은 무엇입니까?', '우리 회사를 지원한 이유는 무엇입니까?', '대학 시절에 열심히 했던 활동은 무엇입니까?' 등의 질문에 대해서도 명확하면서 간결하게 대답하면 높은 평가를 받을 수 있다.

이력서나 자기소개서에는 누구나 자신을 돋보이게 하기 위해 좋은 것만 쓰기 마련이다. 그래서 비슷한 내용이 많을 수밖에 없다. 예문 중에 '저의 가장 큰 장점은 기획력과 창의력입니다'가 그렇다. 누구나 쓸 수 있는 평범한 문장이니만큼 설득력이 높지 않다. 그러므로 B의 '이유 및 근거 쓰기'와 C의 '구체적인 예·상세 내용 쓰기'에서 얼마만큼 창의적인 체험담을 보여주느냐가 중요하다. 예문처럼 구체적인 체험담(캠페인 성공 사례)을 예로 들 수 있다면 결론이 '사실'이라는 것이 증명된다. 경쟁자를 뛰어넘을 수 있는 포인트가 바로 '체험담'이라는 것을 명심하자.

첫 문장 '저의 가장 큰 장점은 기획력과 창의력입니다'도 표현 방법을 조금 더 고민해보면 어떨까? '저의 장점은 남녀노소를 불문하고 끌어들이는 진공청소기식 기획력입니다'라고 쓴다면 '요놈 봐라!', '이 녀석 물건이네?' 식의 반응을 이끌어내 채용 담당자의 주목을 끌 수도 있다.

**사람들의 감정을 움직이는 카피에 도전하자!**

SNS에 글을 쓸 때 처음 한 줄을 광고 카피라고 생각하며 글을 쓴다면 어떨까? 놀랄 만큼 맛있는 라면을 먹었을 때 '내 혀가 처음으로 항복한 날!', '이건 라면이라고 할 수 없어!'와 같은 카피를 쓴다면 글을 읽는 사람들의 반응이 어떨까? 아무런 고민도 하지 않은 채 밋밋하게 '오늘은 친구가 추천한 라면을 먹어 보았다'라고 쓰는 것보다는 다음 글이 더 읽고 싶어지지 않을까? 첫 문장을 읽는 순간부터 '뭐지?', '무슨 일이야?', '맛있겠다!', '굉장한걸?' 등으로 사람들의 감정을 움직이는 카피를 연구해보자.

결론우선 형 예문 ④

# 연락 사항(비즈니스 문서)

한 줄 쓰기로 뼈대를 세운다

먼저 한 줄 쓰기로 글의 뼈대를 세운다.

| | |
|---|---|
| **A**<br>**결론을 쓴다** | 다음 달에 있을 경영인 월례 회의는 특별히 멤버 전원이 참가하는 형식으로 한다. |
| ▼ | |
| **B**<br>**이유 및 근거를 쓴다** | 팀을 초월한 교류를 촉진하기 위한 것이다. |
| ▼ | |
| **C**<br>**구체적인 예 · 상세 내용을 쓴다** | 모든 멤버가 가급적 골고루 교류할 수 있도록 아이디어를 짜보자. |
| ▼ | |
| **D**<br>**정리** | 이번 기획이 성공하면 정기적으로 구성원 전원이 다 모이는 모임을 기획할 예정이다. |

다음에는 각 파트별로 부풀리기를 한다.

# 부풀리기로 글을 완성한다

| | |
|---|---|
| **A**<br>결론을 쓴다 | 다음 달 경영인 월례 회의는 세 팀으로 나누지 않고 구성원 전원이 다 함께 만나는 형식으로 진행할 예정입니다. |
| ▼ | |
| **B**<br>이유 및 근거를 쓴다 | 모든 회원이 얼굴을 마주 대함으로써 팀 차원을 넘어서는 교류가 생길 것입니다. 교류를 하면서 평소와는 다른 정보나 아이디어를 얻는 사람도 생길 것입니다. 또 자신의 비즈니스에 부족한 부분을 보완해줄 사람을 찾거나 각자의 장점을 활용한 콜라보레이션이 생길 가능성도 높습니다. |
| ▼ | |
| **C**<br>구체적인 예·<br>상세 내용을 쓴다 | 당일에는 미리 3개 팀 구성원을 뒤섞은 좌석 배치를 하고 평소보다 토론 시간을 늘려서 가급적 많은 사람과 대화가 가능하도록 할 것입니다. 또 접수할 때는 구성원의 회사명, 사업 내용, 이름이 기재된 명찰을 배부합니다. 미팅이 시작되면 테이블별로 한 사람씩 30초 동안 자기소개 시간을 갖게 됩니다. 강사의 월례 세미나는 평소보다 30분 단축해서 운영하는 등 이번 모임이 교류 중심의 미팅이라는 점을 다시 한 번 말씀드립니다. |
| ▼ | |
| **D**<br>정리 | 이번 시도가 성공하면 정기적으로 구성원 전원이 다 같이 모이는 기획을 적극 검토할 생각입니다. |

평소와는 다른 형식의 모임을 개최하는 취지를 공지하는 글이다. 이러한 연락 사항을 전하는 공지 글에도 결론우선 형을 사용할 수 있다. 각 파트의 배경에 있는 질문은 다음과 같다.

> (A) 결론 : '무엇을 변경하는가?(What)'에 대한 대답
>
> (B) 이유 : '왜 변경하는가?(Why)'에 대한 대답
>
> (C) 구체적인 내용 : '어떻게 변경하는가?(How)'에 대한 대답

팀을 나누지 않고 합동으로 모임을 진행하는 취지(결론)를 전달한 후 왜 그렇게 변경하게 되었는지에 대한 이유를 기술하고 있다. 이유가 기술되지 않거나 약하면 읽는 사람이 납득하기 힘들다.

변경 사항에 대해 공지하는 글이기 때문에 C의 '구체적인 예·상세 내용 쓰기'에서는 구체적인 변경 내용을 쓰고 있다.

> • 좌석 배치            • 명찰
>
> • 자기소개 시간        • 월례 세미나의 시간 단축

이것은 모든 구성원 간의 교류를 촉진하기 위해 고안한 기획안이다. 기획안이 구체적으로 기술되어 있으면 글을 읽는 사람은 '여러 가지로 고민하고 있구나'라는 식으로 납득하고 안심하게 된다.

만약 자세한 내용(교류를 촉진하기 위한 구체적인 안)이 기술되지 않는다면 글을 읽는 사람은 '합동 형식이 되어도 사람들끼리 교류할 시간이나 기회가 없는 것은 아닐까?'라는 의심을 품게 될지도 모른다.

이전에 비슷한 전례가 있는 경우에는 C의 '구체적인 예·상세 내용' 부분에 전례의 '성공담(구체적 사례)'을 넣는 것도 좋다. 긍정적인 성공 사례가 있다는 것을 알게 되면 '지난번에도 성공했으니 안심이 되는군' 하는 마음으로 새로운 기획에 찬성할 확률이 높다.

# 결론우선 형 효과 높이기 팁 ①
# 결론우선 형의 문구 패턴

결론우선 형의 각 파트 헤드라인에 사용되는 문구 패턴을 일부 소개한다. 무엇을 써야 할지 모르겠다는 사람에게는 글의 아이디어를 이끌어내는 트리거(trigger 방아쇠) 역할을 해줄 것이다.

**결론을 쓴다**

- 결론은 ○○이다.
- 나는 ○○에 찬성한다.
- 내 생각은 ○○이다.
- 가장 중요한 것은 ○○이 아닐까?
- 결론부터 말하면 ○○이다.
- ○○한 사람에게는 □□을/를 추천한다.
- ○○을/를 하려면 □□라는 방법이 있다.
- 단도직입적으로 말하면
- 솔직히 말하면

**이유 및 근거를 쓴다**

- 왜냐하면 ○○이기 때문이다.
- 이유(근거)로는
- ～라는 것은

- 그 이유(근거)는
- 왜 그러냐 하면
- ○○라는 것이 그 이유(근거)입니다.

## 구체적인 예 · 상세 내용을 쓴다

- 예를 들면
- 예를 들자면
- 한 예를 들면
- 구체적으로는
- ～이/가 하나의 예다.
- ○○의 데이터에 따르면
- 사실, 나도

## 정리

- 따라서
- 이상의 사실로
- 이와 같이
- 이런 이유로
- 되풀이해서 말하지만
- 반복되는 말이지만
- 그런고로
- ○○을/를 함으로써 □□이 되는 것을 기대할 수 있다.
- ○○을/를 해보는 것은 어떨까요?

## 결론우선 형 효과 높이기 팁 ②
# 신뢰성 높은 이유 및 근거 쓰기

이유가 애매한 글은 바람직하지 않다. 글을 읽는 사람이 '설득력 없다'고 느낄 수 있기 때문이다. 예를 들면 '아침에 산책을 하면 업무 생산성이 높아진다'라는 사실을 결론에 쓰는 이유가 '그냥 건강해지기 때문에'라고 하면 '뭐야, 그게?'라며 고개를 갸웃거리거나 '논리적이지 않다'며 외면할 수도 있다. 이유가 엉성하거나 애매하면 글을 읽는 사람의 흥미와 관심을 끌기 힘들다.

한편 '왜냐하면 햇빛이 망막으로 들어오면 시신경이 자극되어 뇌의 각성을 촉진하는 호르몬인 세로토닌 분비량이 증가하기 때문이다. 이 사실은 뇌 과학에서도 증명되었다'라고 쓴다면 반박은커녕 자기도 모르게 설득당하게 된다. 근거가 과학적이기 때문이다.

- 과학적인 근거
- 학술적인 근거
- 물리적인 근거
- 계산이나 데이터에 기반을 둔 근거

위와 같은 데이터를 글에 담을 수 있다면 가장 이상적이다. 데이터를 사용할 때는 숫자로 나타낼 수 있는 것은 숫자로 표시하고 데이터의 신뢰성을 보장하는 내용도 같이 쓰는 것이 좋다. 예를 들면 '컬럼비아 대학의 연구에 따르면', '교육부가 발표한 ○○에 따르면', '○○주식회사가 20대 독신 여성 2,000명을 조사한 결과에 따르면'이라는 식이다.

'내가 좋은 결과를 냈기 때문에'라는 개인적인 체험담을 이유나 근거로 제시하는 것은 조금 위험할 수 있다. '그것은 당신이기 때문에 가능했던 것은 아닌가요?', '다른 사람에게는 해당되지 않는 것은 아닐까요?'라는 생각을 하게 될지도 모르기 때문이다.

'이유 및 근거'에는 누구나 납득할 수밖에 없는 것을 선택해서 쓰자. 개인의 체험담은 C의 '구체적인 예·상세 내용 쓰기' 부분에 쓰면 설득력이 높아진다. 설득력이라는 점에서는 'B : 신뢰성 있는 데이터→ C : 개인적인 체험' 순서로 전달하는 것이 중요하다.

# 체험담으로 구체적인 예 · 상세 내용 쓰기

구체적인 예 중에서도 가장 효과가 높은 것 즉, 설득력이 높은 것은 글쓴이 자신의 체험담이다. 예를 들면 '눈 주위를 마사지하면 잠이 깬다'라는 글을 쓸 경우, 이유에는 무언가 의학적 근거가 요구된다. 근거가 탄탄할수록 설득력이 높아지고 읽는 사람의 기대감도 상승한다.

그런데 이어지는 문장에서 글쓴이가 '사실 나는 마사지를 해본 적이 없다'라고 쓴다면 앞의 글에 대한 근거가 무용지물이 된다. 글을 읽는 사람은 '뭐야, 자기도 해본 적 없으면서!'라며 실망할지도 모른다. 이러한 주제로 글을 쓴다면 근거를 제시한 후에 '실제로 해보니 정말 잠이 확 달아났다!'라는 식의 내용을 쓰는 것이 최고다.

C의 '구체적인 예 · 상세 내용 쓰기' 부분에서 글쓴이 자신의 체험을 기술한 글은 많은 경우 읽는 사람의 마음을 움직인다. 왜냐하면 '글쓴이의 체험=리얼리티'이기 때문이다. 생생한 체험담을 쓰면 글을 읽는 사람은 간접 체험을 하게 된다. 간접 체험이란 타인의 체험을 자신의 체험으로 받아들이는 것이다. 글의 경우 읽는 사람이 그 체험을 '자신의 일'처럼 받아들임으로써 '머리로 이해하는 것'에서 '가슴으로 이해하는 것'으로 옮겨 간다.

글쓴이의 체험담이라는 것은 유일무이, 이 세상에서 단 하나밖에 없는 독창적인 것이다. 체험담을 쓰는 일은 수많은 다른 글과 차별화를 꾀하는

데 있어서도 효과적이다. 또한 자신의 체험과 타인의 체험 2가지를 다 쓸 때는 '자신의 체험→ 타인의 체험' 순서로 쓰는 것이 원칙이다. 단, 자신의 체험담이 약하고 타인의 체험담이 강할 경우에는 '타인의 체험→ 자신의 체험' 순으로 써도 괜찮다.

## 결론우선 형 변형 ①
# 예상되는 반론에 대한 방어

첫 문장의 결론에서 글쓴이의 주장을 쓰면 '결론우선 형'이 '주장우선 형'으로 바뀐다. 다만 주장에는 왕왕 반론이 따라붙는다. 반론에 대해 어떻게 대처하는가에 따라 주장문의 설득력에 차별화가 생긴다. 잘 대처하면 할수록 글의 주장에 설득력이 더해진다.

반론에 대한 대처는 글을 쓰고 나서 하는 것이 아니라 주장하는 글을 쓰는 도중에 해야 한다. 그 방법은 D 부분에 미리 '예상되는 반론에 대한 방어' 파트를 집어넣는 것이다. 이로써 예상되는 반론의 싹을 사전에 제거할 수 있다.

A **주장을 쓴다**
└ 나의 주장은 ○○이다.
▼
B **이유 및 근거를 쓴다**
└ 왜냐하면 □□이기 때문이다.
▼
C **구체적인 예·상세 내용을 쓴다**
└ 예를 들면 △△이 있다.
▼

D 예상되는 반론에 대한 방어를 한다

　└ 물론 ◇◇라는 사정은 이해하고 있다.

▼

E 다시 주장을 쓴다

　└ 하지만 나의 주장은 ○○인 것이다.

'주장우선 형'은 논문을 비롯해서 비즈니스 문서의 의견서, SNS의 글쓰기까지 의견이나 주장을 분명하게 표명하는 다양한 글에서 사용한다.

| A 주장을 쓴다 | 소상공업자는 함부로 상품 가격을 인하해서는 안 된다. |
|---|---|
| ▼ | |
| B 이유 및 근거를 쓴다 | 왜냐하면 스스로 상품의 가치를 하락시켜 가격경쟁에 휘말리기 때문이다. 가격경쟁에 휘말린 상품은 대부분의 경우 경합하는 타사(대부분 대기업)의 가격 설정에 우롱당해 가격 인하를 강요받는다. 그러다가 결국 궁지에 몰리게 된다. |
| ▼ | |
| C 구체적인 예 · 상세 내용을 쓴다 | X사의 상품 Z의 가격 인하가 좋은 예다. 이 제품은 원래 타사에는 없는 뛰어난 기능을 갖추었음에도 불구하고 안이하게 가격 인하를 했다. 가격경쟁에 휘말린 결과 1년 후에는 판매 중지를 당했다. 게다가 그 일이 원인이 되어 X사의 브랜드 이미지가 나빠지고 말았다. X사가 가격을 인하하지 않고 기능 면에서의 우위성을 내세웠다면 지금까지 롱런하는 상품이 되었을지도 모른다. |
| ▼ | |
| D 예상되는 반론에 대한 방어를 한다 | 물론 가격 인하를 할 수밖에 없는 사정도 이해는 한다. 상품에 자신감을 갖지 못하면 가격 설정에서 강하게 밀어붙일 수 없다. 또 가격을 인하하면 단기적인 매출이 신장되는 것 |

도 사실이다. 상품에 대한 절대적인 신뢰가 없다면 '가격 인하의 유혹'은 가차 없이 달콤한 말을 걸어올 것이다.

▼

E
다시 주장을 쓴다

하지만 한순간의 잘못된 판단으로 선택한 가격 인하가 장기적인 이익으로 이어지는 경우는 거의 없다. 소상공업자가 해야 할 일은 가격 인하가 아니라 상품의 독자성과 우위성을 확보해서 자기만의 매력을 어필하는 것이 아닐까 생각한다. 따라서 소상공업자는 함부로 가격 인하를 결정해서는 안 된다.

시험 삼아 D의 '예상되는 반론에 대한 방어' 부분을 뺀 글과 그 부분을 집어넣은 글을 비교해보기 바란다. 글에서 느껴지는 인상이 많이 다를 것이다. 단순히 '가격 인하를 하지 말라'라는 한 가지만 주장한다면 지금까지 가격 인하를 경험했던 사람이나 앞으로 가격 인하를 계획하는 사람, 혹은 가격 인하에 찬성하는 사람들로부터 '가격 인하가 뭐 어때서?', '가격 인하도 나름 의미가 있어!'라는 반발을 사게 될 가능성이 있다.

그러나 D 부분을 넣음으로써 반발 리스크는 줄어든다. 반론을 원천 봉쇄하는 것이 아니라 반론에 대한 공감을 나타내는 것이다. 그 기분을 이해하고 가까이 다가서면 가격 인하를 찬성하는 사람들도 목소리 높여서 반론하기가 어려워진다. 글을 접한 사람들 중에는 주장 내용에 전적으로 동의해서 가격 인하에 대한 반대 입장으로 바꾸는 사람도 생겨날 것이다.

물론 '어떤 반론이 제기되어도 나는 상관하지 않아. 일일이 방어할 필요 없어!'라고 판단해서 D를 생략하고 글을 쓰는 것도 하나의 방법이다. 그런 경우에는 가격 인하 찬성파의 기분을 상하게 하거나 심한 반발을 사게 될 것을 각오하는 것이 좋다.

## 결론우선 형 변형 ②
# 배경 설명

블로그 등의 SNS를 이용해서 무언가 유익한 정보를 제공하고 싶은 사람에게 추천하는 것은 결론우선 형에 '배경 설명'을 쓴 변형이다. 첫머리에서 결론을 제시하기 전에 앞으로 제공하게 될 정보가 왜 필요한지를 알려준다. 배경 설명을 읽은 사람에게 '아, 그렇구나, 그런 일도 있을 수 있네'라는 식의 공감을 얻는 것이 목적이다.

배경 설명에서 주로 제시하는 것은 대부분이 문제점이나 과제, 불안, 고민 등이다. 배경 설명을 읽는 사람들로 하여금 '갈증'을 느끼게 만들어 그후에 제공하는 정보의 흡수율을 높인다는 전략이다.

A **배경 설명을 한다**
└ 요즘 사회에는 ☆☆이라는 상황이 있다.

▼

B **결론을 쓴다**
└ 그런 상황이기 때문에 ○○이 필요하다.

▼

C **이유 및 근거를 쓴다**
└ 왜냐하면 □□이기 때문이다.

▼

D **구체적인 예·상세 내용을 쓴다**

└─ 예를 들면 △△이라는 것이 있다.

▼

E 정리
└─ 그래서 ○○가 필요한 것이다.

예문을 살펴보자.

| A<br>배경 설명을 한다 | 기획이나 아이디어가 좀처럼 떠오르지 않을 때, 공부나 일을 하는데 생각대로 잘 풀리지 않을 때가 누구에게나 있다. 매일 좋은 컨디션과 높은 성취도를 유지하는 것은 말처럼 쉽지 않다. |
|---|---|
| ▼ | |
| B<br>결론을 쓴다 | 무언가 일이 잘 풀리지 않을 때는 지금 있는 곳을 벗어나 어딘가 다른 장소로 이동해보자. 과감하게 장소를 바꾸는 것만으로도 새로운 기획이나 아이디어가 떠오르고 공부와 일이 순조롭게 풀릴 수 있다. |
| ▼ | |
| C<br>이유 및 근거를<br>쓴다 | 왜 장소를 바꾸는 것만으로도 일이 잘 풀리게 되는 걸까? 그 이유는 장소를 이동함으로써 인간의 뇌 속 해마에 있는 '장소 뉴런'이 자극되기 때문이다.<br>장소 뉴런은 기억력이나 학습 능력을 관장하는 부위로 최근 뇌 과학에서는 사람이 장소를 이동하는 것만으로도 그 부위가 활성화된다는 것이 밝혀졌다. |
| ▼ | |
| D<br>구체적인 예·<br>상세 내용을 쓴다 | 지금까지 가본 적 없는 장소에 가는 것이 가장 효과적이지만 근처에 있는 카페나 공원에 가는 것만으로도 장소 뉴런은 활성화된다. 도저히 사무실을 벗어날 수 없는 업무라면 회의실 책상이나 공유 데스크를 빌려서 일을 하는 등 다른 |

환경에 노출되는 것만으로도 효과가 있다. 최근에는 산책을 하면서 회의하는 기업이나 공원 미팅을 도입하는 기업도 있다고 한다. 이러한 시도는 뇌 과학적으로 볼 때 효과적인 방법이라고 할 수 있다.

▼

E
정리

제자리에서 꼼짝도 하지 않은 채 아무리 머리를 싸매고 있어도 현재 자신이 처한 상황에서 벗어나기란 쉽지 않다. 그런 때일수록 자리를 박차고 일어나 어딘가 다른 장소로 이동해보자. 업무의 효율과 생산성까지 높여주는 이 비장의 무기는 집중력이 떨어질 때 '최고의 한 수'가 되어 줄 것이다.

처음에 설명한 것처럼 '공부나 업무 효율을 높이고 싶다면 가끔 장소를 바꾸어보자'라는 결론부터 시작하는 것도 가능하다. 하지만 처음부터 부연 설명 없이 뜬금없는 결론을 던지면 '응? 이건 뭐지?'라는 식의 반응을 보이며 오히려 글을 읽는 사람이 흥미를 잃을 수 있다.

그래서 등장한 것이 결론보다 먼저 '배경 설명'을 해주는 변형이다. A의 배경에서 쓰는 내용은 '맞아, 맞아!'를 이끌어내야 한다. '맞아, 그런 일 자주 있어!', '나도 그런 생각했는데……'라는 식의 공감이 이어지는 내용(결론)을 기대하는 전개를 창출한다.

이 변형은 불특정 다수에게 정보를 제공할 때 사용할 수 있는 중요한 템플릿이다.

## SNS 글의 최대 가치는 자신만의 개성

SNS는 개인 미디어다. 따라서 중요한 것은 그 사람의 개성이라고 할 수 있다. 여기서 가장 공감을 얻는 사람은 자신을 감추는 사람이 아니라 있는 그대로의 자신을 드러내는 사람이다. '있는 그대로'이기 때문에 때로는 주변 사람들과는 다른 의견이나 느낌을 줄 수 있다. 하지만 그것으로 충분하다. 신경 쓸 필요는 없다. 자신의 생각을 꽁꽁 감추고 글을 쓰는 것에 무슨 의미가 있을까? 결론우선 형의 첫머리에서 당신의 솔직한 의견이나 감상을 쓰자. 그래야만이 당신의 SNS 글이 매력적인 글이 될 수 있다.

주의) 비방이나 모략 등 타인에게 상처가 되는 글은 삼가도록 하자.

# 결론우선 형 템플릿으로 한 줄 쓰기 연습

당신의 직장 동료, 혹은 가족에게 무언가를 제안해보라. 제안 내용을 결론 우선 형으로 한 줄 쓰기를 하자.

A | 결론을 쓴다

나는 _____ 을 제안합니다.

B | 이유 및 근거를 쓴다(왜냐하면 □□이기 때문이다)

_____

_____

C | 구체적인 예 · 상세 내용을 쓴다(구체적으로는 △△을/를 한다)

_____

_____

D | 정리(이 제안이 성사되면 앞으로 이렇게 될 것이다)

_____

_____

# 제4장

# '공감 형'으로
# 공감대를 이끌어내자

읽는 이의 공감을 이끌어내는 에피소드 형식의 템플릿이
'공감 형'이다. 이론이 아닌 뜨거운 마음과 감동이 전달되어서
읽는 이의 기억에 강하게 남는 템플릿이다.

# 에피소드로 공감대를 형성하는
## '공감 형'

---

'공감 형' 템플릿

A 마이너스 요인을 쓴다
 └ 예전의 나는 이 정도로 나쁜 상태였다.

▼

B 결정적 계기를 쓴다
 └ 어느 날, 이런 ○○을 만났다!

▼

C 진화 및 성장 내용을 쓴다
 └ 나는 크게 변화되었다.

▼

D 밝은 미래에 대해 쓴다
 └ 이 상태가 앞으로도 계속되었으면 좋겠다.

---

### 공감 형 템플릿이란?

공감 형이란 어떤 에피소드를 통해 읽는 이의 공감을 이끌어내는 것을 목적으로 표현하는 '드라마 구조' 형 템플릿이다. 첫머리에서 주인공의 마이너스 요인(바람직하지 않은 상태)을 묘사한 다음, 주인공에게 찾아온 결정적 계기(터닝 포인트)를 묘사하고 이후에 진화와 성장 과정을 묘사하면서 마침

내 해피엔드에 이른다는 흐름이다.

〈공감 형은 수치가 계속 커지는 상승 곡선〉

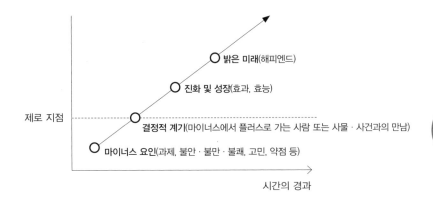

공감 형은 그래프에서 보는 것처럼 계속해서 수치가 커지는 상승 곡선
으로 표현할 수 있다.

**공감 형 글**

올봄까지는 성적이 좀처럼 오르지 않아서 제1지망 학교에 합격하는 것은 그림
의 떡이었다(모의고사에서 D등급 받음). 그러던 어느 날 어머니가 가정교사를 소
개해주셨는데 그 선생님의 지도로 나의 학습 의욕은 불타올랐다. 덕분에 성적
은 계속해서 상승 곡선을 그렸고 가을 모의고사에서는 마침내 B등급을 받게 되
었다! 이대로 계속 순조롭게 성적을 올려서 내년 입시에는 제1지망 학교에 합격
할 수 있었으면 좋겠다.

내용을 분석해보자.

| A<br>마이너스 요인을<br>쓴다 | 좀처럼 성적이 오르지 않았다. |
| :--- | :--- |
| ▼ | |
| B<br>결정적 계기를<br>쓴다 | 가정교사가 생겼다. |
| ▼ | |
| C<br>진화 및 성장<br>내용을 쓴다 | 성적이 계속 올랐다 |
| ▼ | |
| D<br>밝은 미래에<br>대해 쓴다 | 입시까지 순조롭게 성적을 올리고 싶다. |

왜 사람들은 영화나 드라마를 좋아할까? 거기에는 스토리가 있기 때문이다. 스토리를 따라가다 보면 마치 자신이 그 스토리의 주인공이 된 것 같은 착각을 한다. 이론이나 이해 손실을 넘어서는 '간접 체험'을 하게 되는 것이다.

다음 2가지 전개 중 당신은 어느 쪽에 더 공감이 가고 마음이 움직이는가?

① 공부를 잘하는 주인공. 성적은 반에서 늘 1등이고 특별히 좌절을 겪어본 적도 없다. 아마도 지망하는 대학에 무난히 합격할 것이다.

② 성적이 오르지 않아 고민하는 주인공. 특별한 계기가 없어 성적은 오르지 않고 계속 제자리걸음이다. 이대로라면 아마도 원하는 대학에 합격하기 어려울 것이다.

①, ② 둘 다 공감하거나 마음을 움직이기가 쉽지 않은 전개 방식이다. 왜냐하면 이야기에 기복이 없기 때문이다. ①의 경우 시종일관 자기 자랑이라 읽으면서 진저리가 나는 사람이 있을 것이다. 실패를 모르는 우등생 이야기는 모두가 부러워할 만한 이력일지라도 질투와 반감을 불러일으킬 수 있다. ②의 경우 처음에는 오히려 공감될지 모르나 계속 읽다보면 숨이 막히는 느낌이 든다. '마이너스=패자'의 에너지가 쌓이면 참담한 나머지 질릴 수도 있다.

〈평탄한 전개로는 공감을 얻기 힘들다〉

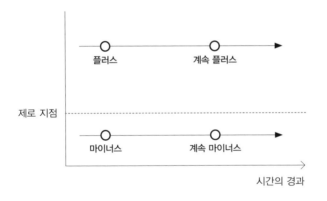

자기 자랑이 이어져도(①), 참담한 이야기가 계속되어도(②) 읽는 이의 흥미와 관심은 멀어진다. 드라마성이 약하면 사람의 감정은 크게 움직이지 않는다. 수많은 영화와 드라마는 계속 상승 곡선을 그리면서 진행된다. 비참한 상황의 주인공이 어떤 계기로 변화되어 가는 모습에 사람들은 깊은 감동과 감명을 받는다. 때로는 자신의 미래 모습을 투영하기도 한다.

어린 시절에 읽었던 동화나 그림책, 만화, 애니메이션 스토리를 어른이 되어서도 기억하는 사람이 많다. 공부를 할 때도 단순 암기가 아니라 스토리로 기억하는 것은 오랫동안 생생하게 기억할 수 있다는 것을 많은 사람들이 경험을 통해 알고 있다. 읽는 이의 기억 속에 오래 남아 있다는 것은 공감 형 템플릿의 장점이다.

## 스토리가 없는 글과 공감 형 글을 비교해보자

**원문_스토리가 없는 글**

현재 나는 제조 회사의 영업부에서 일하고 있다. 영업에서 중요한 것은 사람들과의 관계나 커뮤니케이션을 소중히 하는 것이다. 영업 실적을 올리기 위해서는 자사 상품을 많이 팔아야 한다는 의식보다 어려움에 처한 사람과 회사를 돕는다는 의식을 갖는 것이 중요하다. 자사 상품은 누군가에게 도움을 줌으로써 비로소 완성된다는 사고방식이 영업에 대한 사명감이라고 생각한다. 앞으로도 영업이라는 일에 사명감을 갖고 나 자신의 가능성을 키우고 싶다.

쉽게 읽히는 글이다. 영업이라는 '일'에 대한 글쓴이의 가치관이 멋있게 느껴지는 사람도 있을 것이다. 그렇다고 해서 이 글을 읽고 감동했다거나 감명을 받았다 혹은 용기를 얻었다거나 '나도 열심히 일해야지!'라는 생각을 가진 사람은 많지 않을 것이다. 왜냐하면 이론적으로 '훌륭하다'고 느끼는 것과 마음이 동요되는 것은 엄연히 다르기 때문이다.

그렇다면 왜 마음이 동요되지 않는 걸까? 원인 중 하나는 스토리 요소의 결여다. 원문의 내용은 '나는 지금 이렇게 생각하고 있습니다'라는 정보뿐이다. 즉, 현재라는 하나의 '점'을 표현한 것에 지나지 않는다. 물론 정보 전달이 목적인 비즈니스 문장에서는 스토리로 들려주는 것이 적절하지 않은 경우도 많다. 하나의 '점'을 표현하고자 할 때는 결론우선 형이나 열거 형이 적합하다.

　읽는 이가 공감하고 감동해서 행동하게 만들고 싶을 때는 '점'이 아니라 '과거→ 현재→ 미래'를 이어주는 '선'을 의식할 필요가 있다. 이때 유효한 것이 공감 형 템플릿이다.

---

### 수정문_공감 형 글

공감 형

| | |
|---|---|
| A<br>마이너스 요인을 쓴다 | 희망했던 제조 회사에 취직을 했지만 배치된 곳은 회사의 꽃이라 불리는 상품 개발부가 아니라 인기 없고 일이 고된 영업부였다. 동기부여가 낮아 일에 재미를 느끼지 못한 채 하루하루를 보내고 있었다. 당연히 영업 실적은 바닥을 헤매고 있었다. |
| ▼ | |
| B<br>결정적 계기를 쓴다 | 그러던 어느 날, 회사 선배가 추천한 〈우드잡WOOD JOB!〉이라는 제목의 영화를 보았다. 도시에서 자란 천방지축 청년이 시골의 임업 연수 프로그램에 참가해서 임업의 매력에 눈을 뜨고 조금씩 성장하는 모습에 깊은 감명을 받았다. 그때 나는 내 자신이 아무런 도전도 하지 않고 있다는 사실을 깨닫고 부끄러움을 느꼈다. 동시에 지금 하고 있는 영업이라는 일과 정면으로 마주하자는 각오를 다지게 되었다. |
| ▼ | |
| C<br>진화 및 성장 내용을 쓴다 | 주체적이고 적극적으로 일을 하다 보니 영업이 생각보다 보람 있는 일이라는 것을 깨달았다. 특히 사람들과의 관계와 커뮤니케이션을 소중히 여기니까 눈에 보이지 않는 성과를 내기 시작했다. 영업의 역할이란 자사 상품을 파는 것이 아니라 어려움을 겪는 사람과 회사를 도와주는 것이며 개발한 상품은 누군가에게 도움이 되어야 비로소 완성된다. 이런 |

| | 생각이 들자 내 안에서 영업에 대한 소명 의식이 싹트기 시작했다. |
|---|---|
| ▼ D 밝은 미래에 대해 쓴다 | 환경 탓을 하며 포기하거나 손을 떼는 일은 쉽지만 그것만으로는 진정 만족스러운 인생을 살기 어렵다. 어떤 환경에 처하더라도 만나는 사람들을 소중히 여기면서 주체적이고 적극적으로 살다보면 삶의 보람과 일의 보람을 느낄 거라 생각한다. 지금은 영업을 나의 천직으로 여기며 일과 철저히 마주하여 나의 가능성을 키우고 싶다. |

원문과의 차이가 한눈에 보인다. 원문이 머리로 이해하기 쉬운 글인데 반해 공감 형을 이용한 수정문은 가슴으로 느껴지는 글이다. 포인트는 A의 '마이너스 요인을 쓴다'이다. 부정적인 이야기를 쓰면 글을 읽는 사람은 글쓴이의 감정에 쉽게 공감한다. 왜냐하면 많은 사람이 자신 안에 '나약함'이 있다는 것을 알고 있기 때문이다. 공감대는 글에서 묘사된 '나약함'과 글을 읽는 사람 안에 숨어 있는 '나약함'이 서로 공명(共鳴)하기 때문에 생긴다.

그렇다고 계속 '나약함'으로 끌고 나가는 전개는 언젠가 공감대가 약해진다. 글을 읽는 사람은 마치 자기 자신에게 기대를 하는 것처럼 나약한 주인공에게 찾아오는 변화(기사회생 드라마)를 기대한다. 기사회생 과정이 그려지면 글을 읽는 사람의 마음이 동요된다. 종종 글을 읽으면서 '힘내!'라며 주인공에게 응원을 보내는 사람도 생긴다. 공감 능력이 뛰어난 사람일수록 주인공의 변화를 마치 자신의 일인 것처럼 스토리에 몰입한다.

상승 곡선의 종착점인 D의 '밝은 미래에 대해 쓴다'에서는 글쓴이의 메시지가 전해진다(어떤 환경에서도 주체적이고 적극적으로 움직이자!). 주인공의 힘든 시절(마이너스 요인)을 알고 있기 때문에 메시지는 읽는 이의 마음에 울림을 준다. 메시지 자체가 빛나는 것이 아니다. 힘든 역경을 극복한 성장 과정이 있기 때문에 비로소 마이너스 요인과의 상대성 원리에 따라 밝게 빛나는 것이다.

거꾸로 말하면 만약 당신이 읽는 이에게 무언가 메시지를 전하고 싶다면 그 메시지를 담은 과정을 스토리로 표현해보자. 상승 곡선을 그리는 스토리를 통해 던지는 메시지는 보다 강하게, 보다 깊이 읽는 이의 마음속에 박히게 된다.

공감 형

# 공감 형 사용 팁 ①
## 개인적 VS 사회적 마이너스 요인

A의 '마이너스 요인을 쓴다'에서는 글의 주인공(주된 테마)에게 닥친 '나쁜 상태(마이너스 요인)'를 쓴다. 실패담이나 부끄러운 이야기, 콤플렉스 등을 드러내면 읽는 사람이 쉽게 감정이입이 된다. 또한 A에서는 읽는 사람의 주변이나 사회에 존재하는 마이너스 요인을 거론할 수도 있다. 예를 들면 다양한 사회문제나 어떤 상황에서 대두된 문제, 누군가에게 품은 불평과 불만, 고민 등 '좋지 않은 상태'를 말할 수 있다.

다음은 마이너스 요인의 사례다.

---

**개인적인 것**

- 주변 사람들과 원만한 인간관계를 구축하기 힘들다.
- 사업에 실패했다.
- 남자(여자) 친구에게 차였다.
- 정리 해고를 당했다.
- 돈이 없어서 힘들다.
- 마음이 우울하다.
- ○○으로 몸 상태가 나빠졌다.
- ○○을 못해서 괴롭다.
- ○○에 불만을 느꼈다.

---

**사회적인 것**

- 노인의 고독사 문제
- 자녀 육아 문제
- 각종 성희롱(권력에 의한 성 착취/도덕적 해이/성폭력 등)
- 소득 격차(빈부 격차)
- 인프라의 노후화
- 인구 감소 사회
- 블랙 기업(노동 착취가 일상적으로 이루어지는 기업)
- 해충(害蟲) 문제
- 차별 문제(성차별, 소수자 인권 문제 등)

물론 여기에 없는 것도 가능하다. 가령 '잠 귀신의 유혹 때문에 괴롭다', '서랍장 모서리에 새끼발가락이 부딪히는 바람에 아파서 기절할 뻔했다', '○○역에 엘리베이터가 없어서 불편하다' 같은 내용도 충분히 스토리의 발단(마이너스 요인)이 될 수 있다.

같은 성공담이라도 성공하기까지의 과정을 담고 있지 않으면 단순한 자기 자랑으로밖에 들리지 않는다. 당연히 읽는 이의 공감이나 감정이입도 생기지 않는다. 성공담을 이야기할 때는 특히 실패담을 기점으로 해서 서서히 성공을 향해 상승 곡선을 그리는 스토리를 활용하는 것이 좋다.

## 공감 형 사용 팁 ②
# 동기는 각양각색

B의 '결정적 계기를 쓴다' 부분에는 사람을 비롯해 사물, 작품, 장소, 사건에 이르기까지 다양한 것이 포함된다.

다음은 결정적 계기의 사례다.

| | |
|---|---|
| • 친구가 권해서 읽은 책 | • 킬링타임으로 본 영화 |
| • 우연히 만난 사람 | • 새로운 선생님(상사/코치) |
| • 어쩌다 참석한 술자리 | • 연인과의 만남 |
| • 결혼과 출산 | • 이직이나 전직 |
| • 레저 · 휴양지나 여행지 | • 이사 |
| • 처음 먹은 음식 | • 새롭게 시작한 취미 |

만약 당신이 자신을 주제로 공감 형 글을 쓰고 싶다면 먼저 '내 인생의 흐름이 어느 순간부터 크게 바뀌었나?'를 생각해보기 바란다. 질문에 대한 답이 바로 당신의 '터닝 포인트'이자 '결정적 계기'다. 타인의 스토리를 엮을 때도 똑같이 적용하면 된다. 환경이 바뀌었을 때나 정세와 상황이 바뀐 때를 생각해본다. 중요한 것은 변화를 알아차리는 눈을 기르는 것이다.

# 공감 형 사용 팁 ③
# 차별화하기

스토리에는 반드시 큰 낙차(落差)가 존재한다. 가장 이상적인 것은 A의 '마이너스 요인'에서 묘사되는 상황과 D의 '밝은 미래'에서 묘사되는 상황 사이에 큰 변화가 일어나는 것이다. 단적으로 말해서 A가 '아픔'이라면 D 는 '기쁨'이다. 세상의 모든 이야기꾼은 늘 그런 변화를 의식하고 있다.

> (A) 마이너스 요인 : 더럽고 불결한 방이었다.
> (D) 밝은 미래    : 깨끗하게 치워서 청결해졌다.
>
> (A) 마이너스 요인 : 야구부에서 만년 후보 선수였다.
> (D) 밝은 미래    : 야구부에서 가장 유망한 주전 선수가 되었다.
>
> (A) 마이너스 요인 : 몸이 허약해서 늘 병치레를 했다.
> (D) 밝은 미래    : 몸이 튼튼해지고 감기 한 번 걸리지 않게 되었다.
>
> (A) 마이너스 요인 : 조직이 정비가 안 되어 직원들의 사기가 떨어졌다.
> (D) 밝은 미래    : 조직이 잘 정비되어 직원들의 사기가 올라갔다.

만약 A와 D의 격차가 적다면 스토리 효과는 그다지 기대하기 힘들다. 예를 들면 '더럽고 불결한 방이었다 → 아주 조금 깨끗해졌다'라는 식이다. 물론 격차가 없는 스토리 자체가 나쁘다는 것은 아니다. 격차가 큰 것에서 작은 것까지 공감 형에는 다양한 쓰임새가 있다.

하지만 읽는 이에게 강한 임팩트를 주고 싶거나 강한 공감을 이끌어내고 싶은데 A와 D의 격차가 적다면 목적은 달성되지 못할 수 있다. 강한 공감을 이끌어내기 위해서는 '강렬한 아픔'과 '큰 기쁨'이 필요하다.

스토리에 부족함을 느낄 때는 더 큰 변화를 줄 수 없을까를 고민하거나 너무 변화가 적어서 공감 형에는 어울리지 않겠다는 생각이 들면 공감 형을 포기하는 것도 하나의 방법이다.

## 공감 형 예문 ①

# 에피소드 글(블로그 기사)

### 한 줄 쓰기로 뼈대를 세운다

먼저 한 줄 쓰기로 글의 뼈대를 세운다.

| | |
|---|---|
| A<br>마이너스 요인을<br>쓴다 | 그동안 직설적인 지적만 하다 보니 부하 직원들로부터 미움을 많이 받았다. |
| ▼ | |
| B<br>결정적 계기를<br>쓴다 | '샌드위치 화법'이라는 대화법을 배웠다. |
| ▼ | |
| C<br>진화 및 성장<br>내용을 쓴다 | 샌드위치 화법으로 대화를 하다 보니 부하 직원들과의 관계가 나날이 좋아졌다. |
| ▼ | |
| D<br>밝은 미래에<br>대해 쓴다 | 앞으로도 샌드위치 화법을 적극적으로 사용해서 부하 직원들과 공고한 신뢰 관계를 구축하고 싶다. |

다음에는 각 파트별로 부풀리기를 한다.

## 부풀리기로 글을 완성한다

| | |
|---|---|
| **A**<br>마이너스 요인을<br>쓴다 | 예전의 나는 전형적인 비호감 상사였다. '어이, 김 계장! 이번 실수는 그냥 넘어가지 않을 테니 바로 해결하도록!' 이런 식으로 부하 직원의 잘못에 대해서 호통만 치다 보니 부하 직원들로부터 미움을 받거나 반감을 많이 샀다. |

▼

| | |
|---|---|
| **B**<br>결정적 계기를<br>쓴다 | 부하 직원들의 냉랭한 시선을 느끼던 어느 날, 우연히 참석한 커뮤니케이션 연수에서 '샌드위치 화법'이라는 대화법을 배우게 되었다. 샌드위치 화법이란, 상대방을 야단치거나 잘못을 지적할 때 야단치는 말 앞뒤에 긍정적인 말이나 칭찬을 집어넣으며 대화하는 방식을 말한다.<br>예를 들면 잘못을 지적할 때는 '〜씨, 항상 좋은 실적 내줘서 고마워. 하지만 이번 실수는 좀 용납이 안 되네. 바로 해결해 줘. 내가 〜씨 믿는 거 알지?'라는 식으로 긍정적인 말 사이에 부정적인 말을 삽입(샌드위치)한다.<br>지적의 말 앞뒤에 삽입한 긍정의 말을 생략했을 때와 비교해 보기 바란다. 글에서 느껴지는 인상이 크게 다를 것이다. |

▼

| | |
|---|---|
| **C**<br>진화 및 성장<br>내용을 쓴다 | 부정적인 말을 긍정적인 말로 샌드위치처럼 감싸서 전달했더니 부하 직원들은 지적이나 충고를 기분 나쁘지 않게 받아들이는 것 같았다. 냉랭했던 시선이 부드러워지고 부하 직원들과의 관계가 나날이 개선되었다. 그뿐만이 아니다. 부하 직원들도 동기부여가 되어 놀랄 만큼 좋은 실적을 올렸다. 여러 명으로부터 '과장님처럼 부하 직원의 사기를 높여주는 분이 제 상사여서 다행입니다'라는 말을 들었을 때는 눈물이 날 뻔했다. 말투 하나 고쳤을 뿐인데 이렇게까지 인간관계가 좋아지다니 정말 상상도 못한 일이다. |

▼

D

밝은 미래에
대해 쓴다

지적이나 충고 앞뒤로 '긍정적인 말'이나 '칭찬의 말'을 끼워 넣는 것은 상대방에 대한 애정과 존경의 마음을 드러내는 일이다. 샌드위치 화법의 훌륭한 점은 상대방에 대한 배려와 애정이 들어 있다는 점이다. 앞으로도 샌드위치 화법으로 부하 직원과 더욱 공고한 신뢰 관계를 구축하고 싶다.

부하 직원에게 미움을 받던 상사가 샌드위치 화법을 배워서 크게 변화된 모습을 묘사하고 있다. 여기에서 주목해야 할 것은 A의 '마이너스 요인을 쓴다'에서 자신의 실패담을 적나라하게 이야기하고 있다는 점이다. 샌드위치 화법 이론을 그저 나열만 했다면 어쩌면 아무도 직접 시도해보고 싶다는 생각이 들지 않을 수도 있다. 이론이라는 것은 머릿속에 들어와도 마음속까지 들어오기는 힘들기 때문이다. '흠, 그렇구나'라는 식으로 3초 후에는 바로 잊어버리는 사람도 있을 수 있고 '왠지 귀찮을 것 같아', '쓸데없는 참견'이라는 식으로 냉담한 반응을 보일 수도 있다.

한편 실패담을 이야기하면서 자신의 변화 과정을 상승 곡선 스토리(부하와의 관계 개선 에피소드)로 기술한 예문은 읽는 이에게 흥미와 감동을 이끌어 낸다. 마이너스에서 시작한 이야기가 터닝 포인트를 거쳐서 진화하고 성장하는 모습은 단순히 아름다움을 넘어서 흥미 넘치고 시사하는 바가 크다. 따라서 이유 불문하고 '나도 샌드위치 화법으로 한번 말해 봐야지!'라고 생각하는 사람이 많을 것 같다.

## 공감 형 예문 ②
# 에피소드 글(수필풍)

### 한 줄 쓰기로 뼈대를 세운다

먼저 한 줄 쓰기로 글의 뼈대를 세운다.

| | |
|---|---|
| A<br>마이너스 요인을<br>쓴다<br>▼ | 업무 차 가게 된 지방의 작은 역, 주변에 음식점이나 편의점도 없고 점심조차 먹을 곳이 없다. |
| B<br>결정적 계기를<br>쓴다<br>▼ | 어쩌다 발견한 푸드 트럭에서 팔다 남은 도시락을 사 먹게 되었다. |
| C<br>진화 및 성장<br>내용을 쓴다<br>▼ | 갓 만든 도시락은 놀랄 만큼 맛있었다. |
| D<br>밝은 미래에<br>대해 쓴다 | 든든하게 배를 채우고 힘을 낸 덕분에 영업이 순조롭게 진행되어 계약이 무사히 성사될 수 있었다. |

다음에는 각 파트별로 부풀리기를 한다.

# 부풀리기로 글을 완성한다

| | |
|---|---|
| **A**<br>마이너스 요인을<br>쓴다 | 오늘은 지방에 있는 업체에 처음으로 영업 차 방문하는 날이다. 미팅 약속은 오후 1시였지만 역 주변에서 점심을 먹을 요량으로 일찍 도착했다. 그런데 아뿔싸! 지방 역을 내가 너무 몰랐던 건가. 역 주변을 아무리 둘러보아도 식당은커녕 편의점도 보이지 않았다. 완전히 예상 밖의 일이었다. 하는 수 없이 역 앞 벤치에 멍하니 앉아 있자니 원래 잘 먹는 체질인 데다 그날따라 아침밥을 거르고 와서인지 배에서 계속 꼬르륵 소리가 났다.<br>'쳇, 오늘은 정말 재수가 없는 날이군!' 이렇게 중얼거리면서 하늘을 올려다보았다. |
| ▼<br>**B**<br>결정적 계기를<br>쓴다 | 벤치에 앉아 10분쯤 지났을 때, 역 앞으로 트럭이 한 대 와서 섰다. 안 보는 척하면서 곁눈질로 보고 있자니 트럭에서 양손에 비닐봉지를 든 여성이 내려 역 안으로 들어갔다. 역무원들에게 점심 도시락을 배달하는 것 같았다. 순간 나는 그 차가 도시락 배달 차라는 생각이 들어 트럭 쪽으로 걸어갔다. 여성이 돌아오기를 기다렸다가 "저, 죄송한데 혹시 도시락 파시나요?"라고 물었더니 "네, 맞아요. 하나 드릴까요? 햄버거와 고로케 도시락이 있는데 어느 것으로 하시겠어요?"라고 묻는 것이 아닌가! 나는 속으로 '야호!'를 외치면서도 겉으로는 냉정한 척 점잖을 떨며 도시락을 하나씩 주문했다. |
| ▼<br>**C**<br>진화 및 성장<br>내용을 쓴다 | 굶을 뻔하다 도시락을 얻은 것만으로도 고마운 일인데 도시락은 깜짝 놀랄 정도로 맛있었다. 갓 구운 햄버거 패티는 두께도 두꺼운 데다 육즙까지 좌르르 흘렀다. 감자의 풍미가 흠씬 느껴지는 고로케도 신음이 흘러나올 정도로 맛있 |

었다. 배가 고프면 정신이 혼미해지는 내가 만약 점심을 거른 채 미팅에 갔더라면 어땠을까 생각하니 순간 등골이 오싹해졌다.

아, 오늘은 최고로 운수 좋은 날이다!

▼

D

밝은 미래에
대해 쓴다

도시락을 먹었더니 갑자기 힘이 솟고 승부욕이 생겨서 영업도 순조롭게 진행했다. 원래 우리 회사 서비스에 크게 흥미를 갖고 있지 않던 고객이었는데 놀랍게도 마지막 순간에 계약서에 사인을 한 것이다!

'금강산도 식후경'이라는 말처럼 뱃속이 든든했던 덕분에 충분히 힘을 발휘할 수 있었던 것 같다. 도시락 판매원에게 진심으로 감사하는 마음이 들었다. 아, 그리고 한 가지! 규모가 작은 지방 역에 가게 되면 주변에 먹을 만한 곳이 있는지 사전에 알아보고 가야 한다는 교훈도 덤으로 얻었다.

점심을 쫄쫄 굶을 뻔한 주인공이 운 좋게 도시락을 구해서 점심 식사를 맛있게 했다는 조금 우스꽝스러운 에피소드다. 이런 류의 에피소드는 상세 쓰기로 자세하게 기술함으로써 리얼리티가 높아진다. 대화 문장을 군데군데 넣어준 점도 에피소드 효과를 극대화하는 데 큰 기여를 했다.

이 글은 A '마이너스 요인'과 C '진화 및 성장'의 낙차가 크다는 것이 중요하다. 만약 A를 생략해서 '오늘 점심은 지방의 어느 작은 역 벤치에서 도시락을 먹었다'라고 평범하게 시작했다면 글을 읽는 사람은 전혀 흥미를 갖지 못했을 것이다.

A에서 주인공이 실망한 마음과 절망감을 충분히 표현했기 때문에 도시락을 사게 되었을 때의 기쁨과 감동이 배가 되고 특별한 것이 되었다.

독자가 따라가는 감정의 움직임

- 점심 식사를 하지 못했다.
- → 아~ 불쌍해서 어쩌나? 그 후에 어떻게 되었을까?

- 트럭이 온다.
- → 트럭이라고? 도대체 앞으로 무슨 일이 벌어지는 걸까?

- 도시락 판매원한테서 도시락을 구입한다.
- → 대단해! 운이 좋은걸? 말 걸기를 잘했어! 별일이 다 있네!

- 도시락이 무척 맛있었다.
- → 이 사람 행운아네! 정말 다행이야!

- 영업도 순조롭게 진행되었다.
- → 도시락 힘이었네! 결과적으로 최고로 운수 좋은 날이었어!

이렇게 스토리를 엮어 나감으로써 독자의 감정이 크게 요동쳤다. 주인공의 기분에 공감한 독자는 마치 자신이 주인공이 되거나 주인공을 지켜보는 부모의 마음이 되어 같이 낙담하고 안타까워하기도 하고 기뻐하기도 한다.

참고로 마지막에 쓴 '규모가 작은 지방 역에 가게 되면 주변에 먹을 만한 곳이 있는지 사전에 알아보고 가야 한다는 교훈도 덤으로 얻었다'는 자기반성적인 면도 있지만 읽는 이에게도 교훈적인 기능을 제공한다.

공감 형 예문 ③

# 책 리뷰(블로그 기사)

한 줄 쓰기로 뼈대를 세운다

먼저 한 줄 쓰기로 글의 뼈대를 세운다.

| A<br>마이너스 요인을<br>쓴다 | 평소에 돈에 대해서 부정적인 시각을 갖고 있다. |
|---|---|
| ▼ | |
| B<br>결정적 계기를<br>쓴다 | 『운을 부르는 부자의 본능』이라는 책을 읽고 나서 비로소 돈에 대한 나의 부정적인 생각의 원인을 알게 되었다. 내용 중에 '돈은 자신의 감정을 비추는 거울이다'라는 대목 때문이다. |
| ▼ | |
| C<br>진화 및 성장<br>내용을 쓴다 | 돈을 받을 때나 지불할 때 '감사'하는 마음을 갖게 되니 부정적인 감정이 많이 줄어들었다. |
| ▼ | |
| D<br>밝은 미래에<br>대해 쓴다 | 앞으로도 '행복한 돈(해피 머니)'과 더불어 무한한 풍요로움을 맛보고 싶다. |

다음에는 각 파트별로 부풀리기를 한다.

## 부풀리기로 글을 완성한다

| A<br>마이너스 요인을<br>쓴다 | '돈은 더러운 것', '돈은 금방 없어지는 것이라서 저축하지 않으면 불행해진다'.<br><br>어릴 적부터 나는 이런 생각을 가졌다. 그래서 나는 돈이 없으면 항상 불안한 마음이 든다. 심지어 돈을 쓸 때는 나쁜 짓을 하는 것처럼 느껴질 때도 있다. 월급이나 뜻하지 않은 수입이 생기면 기쁘다는 생각보다는 어서 돈을 저축해야 한다는 생각에 늘 바들바들 떨면서 살았다. 돈처럼 무서운 것을 누가 만들었을까 하며 돈의 존재 자체를 원망한 적도 있다. |
|---|---|

▼

| B<br>결정적 계기를<br>쓴다 | 그러던 어느 날 우연히 혼다 켄의 『운을 부르는 부자의 본능』이라는 책을 읽게 되었다. 책을 읽으면서 나는 망치로 머리를 한 대 얻어맞은 것 같은 충격을 받았다. 왜냐하면 돈에 대한 나의 부정적인 이미지는 '자기감정의 투영이다'라는 사실에서 비롯되었다는 것을 깨닫게 되었기 때문이다.<br><br>"우리가 돈에 대해 스트레스 받거나 돈에 대해 느끼는 불안감은 자신의 잘못이나 자신이 누군가에게 가한 위해(危害)에 근거하기 때문에 미래에 대해서 걱정하는 것이다. 이런 부정적인 사고방식 때문에 지금 이 순간의 행복을 과거와 미래에 빼앗기게 된다."<br><br>저자는 아연실색하고 있는 내게 이런 제안을 한다.<br><br>"돈이 내게 오면 '고마워'라고 말하고 그 돈이 내 손에서 떠나는 순간에도 똑같이 '고마워'라고 말해보자. 돈이 내게 어떤 도움을 주었는지, 돈이 지금 내게 가져다준 모든 것에 감사하자." |
|---|---|

▼

| | |
|---|---|
| C<br><br>진화 및 성장<br>내용을 쓴다 | 나는 이런 방법으로 나의 돈에 대한 관념이 달라질 수 있을까 의문을 느끼면서도 속는 셈치고 돈에 대해 고마움을 표시하는 일을 실천하기 시작했다. 돈을 받을 때나 돈을 지불할 때도 마음속으로 감사의 마음을 담아 '고마워'라고 중얼거렸다. 그랬더니 즉시 효과가 나타났다. 일주일도 채 되지 않아 '고마워'라고 말하는 일에 기쁨을 느끼게 되었고 돈에 대한 불안감이 조금씩 사라졌다. |
| ▼ | |
| D<br><br>밝은 미래에<br>대해 쓴다 | 이제 나는 더 이상 돈은 '더러운 것'도 돈을 모으지 않으면 '불행해진다'고도 생각하지 않는다. 나는 지금 풍요로움 속에 있고 내 주변에는 해피 머니가 순환하고 있다고 생각한다. 돈을 쓴다는 것이 이렇게 기분 좋은 일이라는 것을 왜 진작 몰랐을까? 내가 지불하는 돈이 누군가를 행복하게 만든다는 것을 생각하면 기쁜 마음이 된다. 앞으로도 '해피 머니'와 함께 무한한 풍요로움을 맛보고 싶다. |

책 리뷰를 쓸 때 대부분의 사람들은 시종일관 책 내용에 대해서만 쓴다. 물론 책 내용을 쓰는 것도 중요하지만 그것만으로는 읽는 사람의 흥미를 끌 수 없고 다른 감상문과의 차별화를 꾀할 수도 없다. 책 내용은 당신이 쓰지 않아도 누군가가 쓸 것이기 때문이다.

공감 형 템플릿을 사용한 글은 책 내용이 아니라 책을 읽은 글쓴이가 어떻게 변화했는지 그 경험을 바탕으로 쓴다. 책을 읽은 후에 계속 나아지는 상황을 상승 곡선으로 묘사하는 내용은 읽는 사람의 감정이입과 공감을 불러일으키고 그 결과, 책에 흥미를 갖는 사람이 많아지는 흐름으로 완성된다.

글쓴이의 스토리를 빼고 '돈에 대해 갖게 되는 이미지는 자기감정의 투영에 지나지 않는다'라고 하는 책 속 이론만 나열했다면 독자는 어떤 생각을 할까? '알 것 같으면서도 잘 이해가 안 가네', '왠지 알쏭달쏭하군!' 이런 반응을 보일지 모른다. 그렇게 된다면 당연히 책에 대한 흥미가 떨어질 것이다.

공감 형을 사용해서 자신의 변화를 묘사할 때는 전달해야 할 포인트에 초점을 맞추는 것이 중요하다. 이 글의 경우, 책 속에 나오는 수많은 교훈과 깨우침 중에서 '돈에 대한 부정적인 이미지는 자기감정의 투영에 지나지 않는다'라고 한 부분에 초점을 맞추어서 스토리 전개를 하고 있다.

포인트가 너무 많으면 각각의 포인트가 희석되어 받아들이기 힘들다. 정보량에 압도되어 중도에 이탈하는 독자가 생길 수도 있다. 정보량이 많다고 무조건 좋은 것은 아니다. 가장 우선시되는 메시지에 초점을 맞추어야 독자도 메시지를 쉽게 받아들일 수 있다.

# 공감 형 예문 ④
# 학생 대상의 메시지(기고문)

한 줄 쓰기로 뼈대를 세운다

먼저 한 줄 쓰기로 글의 뼈대를 세운다.

| | |
|---|---|
| **A**<br>마이너스 요인을<br>쓴다 | 지금까지 내 인생은 실패의 연속이었다. |
| ▼ | |
| **B**<br>결정적 계기를<br>쓴다 | 그런 내가 유일하게 자부할 수 있는 것은 '실패를 디딤돌로<br>삼았다'는 것이다. |
| ▼ | |
| **C**<br>진화 및 성장<br>내용을 쓴다 | 지금 내가 벌여 놓은 20여 개의 사업도 매일 실패를 되풀이<br>하고 있지만 그 실패는 사업 성공에 꼭 필요한 부분이라고<br>생각한다. |
| ▼ | |
| **D**<br>밝은 미래에<br>대해 쓴다 | 아무리 실패를 반복한다 해도 실패를 기뻐하자. |

다음에는 각 파트별로 부풀리기를 한다.

# 부풀리기로 글을 완성한다

공감 형

| | |
|---|---|
| **A**<br>마이너스 요인을<br>쓴다 | ○○학교 학생 여러분, 안녕하세요? 저는 ○○회사의 ○○○입니다. 사람들이 저를 훌륭한 기업인으로 평가해주시는데 그것은 오해입니다. 지금까지 제 인생을 돌아보면 실패의 연속이었습니다. 대학 입시에 실패해서 삼수를 했고 취직도 재수를 해서 겨우 들어갔는데 회사가 2년 만에 망했습니다. 창업을 했는데 매출이 오르지 않아서 빚을 수억 원 떠안은 적도 있습니다. 가까스로 회사의 회원 서비스를 히트시켰는가 싶었는데 이번에는 믿었던 핵심 인력들이 동시에 회사를 떠나는 바람에 서비스를 중단할 수밖에 없었습니다. 지금도 매일같이 실패를 되풀이하고 있어 제 인생에서 실패는 미리 짜인 각본처럼 느껴집니다. |
| ▼ | |
| **B**<br>결정적 계기를<br>쓴다 | 그런 제가 유일하게 자부하는 것이 있다면 '실패를 디딤돌로 삼았다'는 것입니다. 실패한 직후에는 다른 사람들처럼 좌절을 하지만 '실패했으니 이제 끝장이야', '실패했기 때문에 더 이상 도전하지 않겠어'라는 생각은 한 번도 해본 적이 없습니다. 그럴 때마다 저는 오히려 실패의 원인을 알아내서 두 번 다시 같은 실수를 되풀이하지 말자고 다짐했습니다. 그렇게 했더니 실패할 때마다 성공에 한 발씩 다가가는 긍정적인 상황이 발생했습니다.<br>자전거를 처음 타는 아이와 똑같습니다. 처음부터 자전거를 잘 타는 사람은 없습니다. 여러 번 넘어지면서 비로소 감을 잡고 잘 타게 되는 것입니다. 가장 좋지 않은 것은 넘어지는 것이 아니라 넘어진 것을 빌미로 도전을 포기하는 것입니다. 일곱 번 쓰러져도 여덟 번 일어난다는 칠전팔기(七顚八起)의 정신만 있다면 이 세상에 진정한 의미의 '실패'는 존재하지 |

않습니다. '실패는 성공으로 이어지는 계단을 한 계단씩 올라가는 것'을 의미하기 때문입니다.

▼

C

진화 및 성장
내용을 쓴다

저는 지금 500명의 직원과 함께 20여 개의 사업체를 동시에 운영하고 있습니다. 순조로운 사업도 있지만 자세히 들여다보면 매일이 실패의 연속입니다. 하지만 그 실패야말로 사업의 성공에는 꼭 필요한 부분입니다. 참고로 우리 회사 사훈은 'No Challenge, No Success(도전 없이는 성공도 없다)'입니다. 도전에는 실패가 따릅니다. 실패가 없다면 오히려 위기감을 느껴야 합니다. 도전을 게을리한 것일 수 있기 때문이지요. 도전이야말로 회사를 성공으로 이끄는 가장 큰 원동력입니다.

▼

D

밝은 미래에
대해 쓴다

여러분은 앞으로 다양한 경험과 체험을 하게 될 것입니다. 그때마다 크고 작은 실패를 하게 되겠지요. 하지만 그런 실패는 여러분의 훈장입니다. 여러분이 도전을 했기 때문에 실패도 하는 것입니다. 그러니 실패를 기뻐하십시오. 그 실패는 여러분이 성장으로 한 발 다가섰다는 증거입니다. 실패로부터 무언가를 배우라는 하늘에서 내려준 구원의 손길입니다. 실패로부터 도망치지 않고 마주하면서 두 번 다시 똑같은 실패를 반복하지 않으려면 무엇이 필요한지를 생각해보십시오. 그러한 반복이 여러분을 크게 성장시킵니다. 여러분의 미래가 '실패를 기뻐하는 정신'으로 빛날 수 있기를 기원합니다.

누군가에게 어떤 메시지를 전할 때 공감 형은 큰 효과를 발휘한다. 이 글에는 B 파트에서 특징적인 곳이 몇 군데 있다. 잘 읽어보면 여기서 결정적 계기는 시계열에 의한 '○○와/과의 만남'이 아니다. "내가 유일하게 자부하는 것이 있다면 그것은 '실패를 디딤돌로 삼았다는 것'이다"라는 부분이다. 이것은 글쓴이의 특성이라고 할 수 있는데 글쓴이의 특성이 A '마이너스 요인'에서 C '진화 및 성장'으로 가는 다리 건너기 역할(결정적 계기)을 담당한다.

B의 '결정적 계기'는 시계열에서의 만남뿐만 아니라 '변화의 계기'가 되는 사실이나 포인트, 도구, 사고방식, 생각 등 여러 가지가 있다. B의 사용법을 잘 활용한다면 공감 형 템플릿의 활용 범위가 훨씬 확장된다.

학생들에게 전하는 최고의 메시지는 '실패를 기뻐하자'이다. 실패는 일반적으로 부정적인 이미지를 갖고 있다. 그런데 학생들에게 뜬금없이 '실패를 기뻐하자'라는 말을 하면 처음에는 잘 와닿지 않는다. 잘못하면 '이 사람, 무슨 말이 하고 싶은 거야?', '뻔한 소리 하고 있네'라는 식의 거부반응을 일으킬 수 있다.

공감 형

이러한 부정적 이미지의 벽을 뛰어넘는 메시지를 던지기 위해서는 글쓴이의 실패담과 실패와 어떻게 마주했는지를 구체적으로 전달할 필요가 있다. 특히 중요한 것은 A의 '마이너스 요인'이다. 여기서 '실패의 연속이었던 나'에 공감을 받으면 C의 '진화 및 성장'에서 표현한 '실패=나쁜 것 → 실패=좋은 것'이라는 논리와 D의 '밝은 미래에 대해 쓴다'에서 전한 '실패를 기뻐하자'라는 메시지가 학생들의 마음에 울림을 주는 것이다.

다음과 같이 처음부터 메시지를 분명하게 전달한 후에 스토리로 들어가는 방법도 있다.

○○학교 학생 여러분, 안녕하세요? 저는 ○○회사의 ○○○입니다. 오늘은 여러분에게 '실패를 기뻐하자'라는 메시지를 전달하려고 합니다. 사람들이 저를 훌륭한 기업인으로 평가해주시는데 그것은 오해입니다.

무엇보다 처음에 전달하는 메시지가 너무 평범하면 그 시점에 이미 시시하게 느껴져 독자가 이탈할 가능성이 있기 때문에 메시지 선정에 주의를 기울여야 한다.

## SNS에서 유용한 꿀팁 ⑧

### 시비(是非)를 가리기 어려울 때는 어떻게 해야 할까?

결론 내리기는 중요하지만 세상에는 시비가 쉽게 가려지지 않는 일이 있고 결론을 내리기 힘든 일도 있으며 판단에 어려움을 겪는 일도 있다. 그럴 때는 '결론을 내리지 않겠다'는 것도 하나의 방법이 될 수 있다.

'솔직히 말해서 ○○에 대해서는 잘 모르겠습니다', '○○는 제가 감당하기 힘든 문제입니다', '대단히 죄송하게도 제 말이 애매모호하게 들리시겠지만~', '딱 부러지게 말씀은 못 드리겠지만~' 하는 식으로 솔직하게 감정을 표현함으로써 글쓴이의 솔직함과 성실함을 전달할 수 있다.

'굳이 결론을 내리지 않겠다'라는 자세로 논지를 전개하는 접근 방식도 있다. '○○에 대해서 옳고 그름을 따지는 것 자체가 난센스겠지요'와 같은 형태. 이어서 '굳이 결론을 내리지 않는 이유'를 깊이 파고들어 쓰면 글의 '깊이'와 '설득력'을 두루 갖춘 글이 될 수 있다. 이렇듯 '결론을 내리지 않겠다'는 것도 '결론'이 될 수 있다.

## 공감 형 효과 높이기 팁 ①
# 스토리에 임팩트 주기

'가만히 있었는데 하늘에서 은혜가 비처럼 내려와 행운을 거저 주었다'고 하는 판타지스러운 스토리도 좋지만, 스토리의 효과를 극대화하고 싶다면 A의 '마이너스 요인'에서 대적하기 힘든 적과의 대립이나 심한 갈등을 그리는 것도 하나의 방법이다. '너 따위에게 내가 당할 소냐!', '나는 지고는 못 살아!', '나는 한다면 하는 사람이야!'라는 식의 파이팅 포즈로 주인공이 싸우는 모습은 독자로 하여금 희망과 용기를 느끼게 한다. 이는 영화와 드라마, 소설 등에서 많이 활용된다.

공감 형 글을 쓸 때 유념해야 하는 것은 '장벽'이다. A의 '마이너스 요인'에서는 주인공의 눈앞에 항상 장벽이 서 있다. 장벽의 높이는 주인공이 대적해야 하는 막강한 적과 마음의 갈등, 고민의 깊이에 따라 바뀐다.

- 적이 막강하다/마음의 갈등과 고민이 깊다→장벽이 높아진다
- 적이 약하다/마음의 갈등과 고민이 깊지 않다→장벽이 낮아진다

물론 어느 쪽이 좋고 나쁘다는 것은 아니다. 경우에 따라서는 장벽이 낮은 스토리가 요구될 때도 있다. 하지만 스토리의 효과를 극대화시키고 싶을 때는 장벽을 높일 방법을 고민해보자.

**평범한 일상도 스토리를 첨가하면 다채로워질 수 있다**

평범한 일상을 뚝 잘라내 SNS에 글을 올릴 때도 공감 형이 유용하게 쓰인다. 예를 들면 '오랜만에 친구 A를 만나서 고기를 구워 먹었다'라는 글에도 스토리를 짜 넣을 수 있다.

'직장에서 실수를 연발하는 바람에 요 며칠 동안은 마음이 울적했다. 마침 그때 절친한 A한테서 연락이 와 고기를 먹으러 가기로 했다. 고기를 구우면서 친구에게 회사 일을 털어놓다보니 기분이 한결 좋아졌다! 남의 말을 잘 들어주는 친구가 이날따라 무척 고마웠다. 역시 힘들 땐 친구밖에 없다!'

처음에 마이너스 상태를 쓰면 글 전체가 스토리화된다. 마지막에 '역시 힘들 땐 친구밖에 없다'라는 표현은 진부하지만 교훈적인 기능도 함께 한다. 아무리 사소한 사건이라도 그 안에는 스토리의 재료가 될 만한 것이 반드시 있다. 그런 재료를 적극적으로 발굴해내자.

## 공감 형 효과 높이기 팁 ②
# 스토리의 기본은 '쉽고 단순하게 쓰기'

머리 회전이 빠른 사람과 사고력이 뛰어난 사람일수록 복잡한 스토리를 쓰기 마련이다. 서로 다른 스토리 몇 가지를 동시에 진행하거나 등장인물과 주제를 많이 집어넣어서 장대한 서사 구조를 만들기도 하고 일부러 난해하게 만들어서 이해하기 어렵게 만들기도 한다.

물론 소설을 쓴다면 복잡한 스토리에도 도전할 만한 가치가 있다. 하지만 독자가 공감하거나 감정이입을 하는 스토리는 대부분 단순하다. '터닝 포인트'라는 다리로 전후를 알기 쉽게 이어준다. 그렇기 때문에 이해하기 쉽고 감정도 움직이게 되어 강한 인상을 남기는 것이다.

디테일이나 구성에 너무 집착하다보면 독자는 읽고 싶은 마음이 안 들거나 이해하기 힘들고 어렵게 느낄 수도 있다. 스토리를 만드는 것은 즐거운 작업이지만 지나치게 기교를 부리거나 너무 깊숙이 빠지는 것은 경계해야 한다.

## 공감 형 효과 높이기 팁 ③
# 해피 엔딩으로 도파민 방출을 노려라!


D의 '밝은 미래에 대해 쓴다'를 다른 말로 바꾸면 해피 엔딩(happy ending)이다. 신경학적 연구에 따르면 해피 엔딩 스토리는 인간의 뇌에서 욕구와 보상을 관장하는 변연계에서 도파민을 방출시키는 역할을 한다는 것이 밝혀졌다. 도파민이란 의욕, 운동, 쾌락 등에 관여하는 신경전달물질을 말하는데 사람에게 '기분이 좋다', '편안하다'는 느낌을 갖게 만든다.

물론 스토리에는 해피 엔딩만 있는 것이 아니라 배드 엔딩(bad ending)도 있다. 하지만 이것은 소설 등에서 독자들에게 일부러 '나쁜 리뷰'나 '기묘한 리뷰'를 남기게 하고 싶은 노림수가 있을 때 사용하는 것이다. 일반적으로 많이 쓰는 글에서는 해피 엔딩이 가져오는 효과-읽는 사람의 뇌 안에서 도파민을 방출시킨다-에 의식을 집중하자. 방출된 도파민의 양이 많을수록 D에서 전하는 메시지가 읽는 사람의 마음에 더 깊이 꽂힌다.

# 비즈니스 현장에서도 쓸모가 있다

비즈니스에서 요구되는 것은 대부분 논리적이고 간결한 글이다. 정보 전달을 중시하는 보고서에서 공감 형을 사용했다가는 손해를 보거나 위험을 감수해야 할 경우가 생길 수 있다. 한편 비즈니스 현장에서도 읽는 사람의 감정을 흔들 필요가 있을 때는 공감 형이 효과가 있다. 예를 들면 다음과 같은 상황이다.

① 고객의 체험담을 스토리로 들려준다.

→ 자사의 상품 및 서비스 매력을 어필할 수 있다.

② 부하 직원을 설득하고 고무시킬 때 체험담과 세상의 다양한 예화를 스토리로 들려준다.

→ 부하 직원의 마음이 움직이고 쉽게 납득하게 된다.

③ 회사의 고위직 간부가 사원에게 비전이나 이념을 주입시킬 때 자신과 기업의 체험담을 스토리로 들려준다.

→ 사원의 마음이 움직이고 비전과 이념이 쉽게 주입된다.

④ 기획서나 제안서, 프레젠테이션 자료 등에 왜 이러한 기획과 제안, 상품이 필요한지를 스토리로 들려준다.

→ 기획이나 제안, 프레젠테이션 내용이 채택되기 쉽다.

상품도 스토리로 표현하는 것이 가능하다.

이 치즈 케이크는 단순한 치즈 케이크가 아닙니다. 30년 실력을 자랑하는 파티시에 스즈키 씨는 어릴 적에 눈이 휘둥그레질 정도로 맛있는 치즈 케이크를 먹은 적이 있었습니다. '부드럽고 말랑말랑한 식감'의 치즈 케이크 맛을 잊을 수가 없었는데 그곳이 어디였는지 도대체 기억이 나지 않았습니다. 스즈키 씨는 그때의 치즈 케이크가 한 번 더 먹고 싶어서 기억만을 의지해 10여 년 동안 시행착오를 겪으며 마침내 레시피를 완성했습니다. 결국 그리던 맛의 재현에 성공한 것입니다. 스즈키 씨가 유일하게 '나만을 위해 만들었다'고 하는 '오센틱(authentic) 치즈 케이크'를 여러분께 소개합니다. 그의 어린 시절 꿈을 여러분과 함께 나누고 싶습니다.

글을 읽으면 누구나 치즈 케이크를 먹어 보고 싶다는 생각이 들 것이다. 만약 단순히 '신상품 치즈 케이크입니다'라는 말로 판매를 했다면 이렇게 좋은 평판을 얻지 못했을 것이다. 상품 개발에 얽힌 스토리를 들려줌으로써 부가가치가 창출되었다.

# 하강 곡선의 '역스토리'에는 자학적 버전도 있다

지금까지 설명했듯이 공감 형은 상승 곡선의 사건을 묘사함으로써 기분 좋은 리뷰를 남기게 하는 템플릿이다. 그러나 공감 형을 토대로 하강 곡선을 그리는 글도 쓸 수 있다. 하강 곡선을 그리는 것이므로 타락이나 전락, 절망이나 고생, 실패 등을 표현하고 싶을 때 효과적이다.

물론 끝까지 계속 나쁜 상황으로 이어진다면 독자들은 무거운 마음이 들 수밖에 없다. 따라서 마지막에는 그 경험으로부터 얻은 깨달음이나 교훈 등을 제시하여 읽는 이가 납득할 수 있는 강한 인상을 가지게 한다.

A 플러스 요인을 쓴다(행복한 상황을 쓴다)
└ 예전에는 이렇게 훌륭한 상황이었다.

▼

B 결정적 계기를 쓴다(악몽을 쓴다)
└ 그런데 이런 악몽에 휘말렸다.

▼

C 타락 · 악화된 상황을 쓴다
└ 그것 때문에 상황이 나빠졌다.

▼

D 교훈을 쓴다
└ 경험을 통해서 이런 것을 배웠다.

예문을 살펴보자.

| | |
|---|---|
| A<br>플러스 요인을<br>쓴다(행복한<br>상황) | 예전의 나는 체력만큼은 자신이 있었다. 남들보다 튼튼했고 매일 격무에 시달려도 다음 날에는 거뜬하게 일어나 활기차게 출근했다. 감기나 질병 따위는 나와 무관하다고 굳게 믿었다. |
| ▼ | |
| B<br>결정적 계기를<br>쓴다(악몽) | 그러던 어느 날 기침이 시작되었다. 처음에는 하룻밤 푹 자고 나면 괜찮아지겠지 하며 가볍게 생각했다. 그런데 일주일이 지나도 2주일이 지나도 기침은 멈추지 않았다. 병원에 갔더니 '백일해'라는 진단이 나왔다. 주로 아이들이 걸리는 질병인데 최근에는 성인 감염자가 늘고 있다고 한다. |
| ▼ | |
| C<br>타락 · 악화된<br>상황을 쓴다 | 그까짓 기침 따위라고 우습게 여겼던 것이 발작으로 이어져 기침이 멈추지 않은 적도 있었다. 기침이 계속되면 의외로 체력 소모가 많아진다. 면역력이 낮았던 탓인지 지금까지 없던 피부병에도 시달리게 되었다. 밤새 기침이 멈추지 않아 수면 부족으로 다음 날 업무에 지장이 오는 일도 생겼다. |
| ▼ | |
| D<br>교훈을 쓴다 | 생각해보니 나도 3년 후면 마흔 살이 된다. 이제 무리하면 안 되는 나이가 된 것인지도 모르겠다. 이번에 혹독하게 겪은 백일해는 어쩌면 신이 내게 주는 경고가 아닐까 생각한다. (돌연사 안 한 것이 얼마나 다행인지!) 앞으로는 몸이 힘들면 그만큼 충분한 휴식을 취해서 피로가 누적되지 않도록 주의해야겠다. |

건강했던 주인공이 병에 걸려 그 병을 통해서 깨달음을 얻는 하강 곡선 스토리다. 결코 기분 좋은 내용은 아니지만 이런 식의 하강 곡선도 인생의

일부다. 독자들은 내리막길 스토리를 계속 읽으면서 '아, 이 사람 앞으로 어떻게 되는 걸까?' 하고 마음을 졸인다.

D의 '교훈을 쓴다'에서 '백일해는 신으로부터 받은 경고'라고 의미를 부여한 점도 돋보인다. 가령 이 부분이 빠져 있다면 독자에게는 '그저 어두운 이야기'에 불과할 것이다.

또한 하강 곡선의 글은 '자학적(自虐的) 버전'으로도 쓸 수 있다. 예문에서 D의 '교훈을 쓴다' 파트를 아래와 같이 바꿀 수 있다.

**자학적 버전 ①**

생각해보니 나도 3년 후면 마흔 살이 된다. 이제 무리하면 안 되는 나이가 된 것인지도 모르겠다. '체력만큼은 자신 있다'라는 말은 결단코 하지 말아야겠다.

**자학적 버전 ②**

생각해보니 나도 3년 후면 마흔 살이 된다. 이제 무리하면 안 되는 나이가 된 것인지도 모르겠다. 남들에게 내세울 만한 유일한 자랑거리이자 특기는 체력이었는데 그것을 잃어버리고 말았으니 나는 이제 뭘 믿고 살아야 하나… 흑흑…(ㅠ.ㅠ)

**자학적 버전 ③**

생각해보니 나도 3년 후면 마흔 살이 된다. 이제 무리하면 안 되는 나이가 된 것인지도 모르겠다. 이왕 이렇게 된 이상 이제는 '육체파'에서 '두뇌파'로 바뀌는 수밖에 없을 것 같다(←절대 불가능함!).

'질병'을 터닝 포인트로 하는 하강 곡선의 에피소드를 진지하게 쓰면서도 자학적 버전으로 독자에게 '큭!' 하고 웃음을 줄 수 있다면 '이 사람 꽤 재미있는걸?', '재치가 있네!'라는 반응과 함께 좋은 인상을 남길 수도 있다.

공감 형 변형 ②
# 광고 카피에 담아야 하는 것은 '고민'과 '효과'

상품이나 서비스를 팔 때 사용하는 문구를 '광고 카피'라고 한다. 광고 카피가 읽는 사람에게 '사고 싶다!'는 마음을 갖게 하기 위해서는 카피를 접하는 사람의 감정을 움직여야 한다. 왜냐하면 소비자의 구매 욕구는 감정에 따라 움직이기 때문이다.

공감을 이끌어내는 공감 형은 그대로 광고 카피로 채택이 가능하다.

A의 '마이너스 요인을 쓴다'에서는 해당 상품의 구매층(타깃)의 고민이나 문제점을 제시한 후 B의 '결정적 계기' 부분에서 상품이나 서비스를 등장시킨다. 즉, 상품이나 서비스와의 만남이 그 사람에게 인생의 전환점이 된다는 식이다.

C의 '진화 및 성장 내용을 쓴다'에서는 상품이나 서비스를 사용함으로써 얻어지는 효과나 혜택에 대해서 기술한다. 효과나 혜택의 매력도에 따라서 광고 카피를 접하는 사람의 마음이 구매 쪽으로 기운다.

D의 '밝은 미래에 대해 쓴다'에서는 상품이나 서비스를 구입하면 얼마나 멋진 미래가 펼쳐질지를 느끼게 만든다. 나아가 카피를 보고 가슴이 뛰고 한껏 기대감에 부푼 느낌을 갖게 만들면 합격이다.

A  마이너스 요인을 쓴다(소비자의 고민ㆍ문제점을 쓴다)
　　└ 여러분에게 이런 고민이나 불안감은 없습니까?

▼

B  결정적 계기를 쓴다(상품ㆍ서비스를 소개한다)
　　└ 여러분의 고민은 저희 상품과 서비스로 해결할 수 있습니다.

▼

C  진화 및 성장 내용을 쓴다(상품ㆍ서비스를 이용함으로써 얻게 되는 메리트)
　　└ 이 상품ㆍ서비스를 사용함으로써 여러분은 ○○의 메리트를 얻게 됩니다.

▼

D  밝은 미래에 대해 쓴다
　　└ 계속 사용하게 되면 △△이라는 미래를 손에 넣게 됩니다.


예문을 살펴보자.


| A<br><br>마이너스 요인을<br>쓴다(소비자의<br>고민ㆍ문제점을 쓴다) | 최근 들어 식이요법과 당질(糖質) 제한으로 살을 뺀 후에 감기에 자주 걸리게 되었다거나 쉽게 피로감을 느끼고 냉증이 심해졌다는 등 몸 상태가 나빠졌다고 호소하는 사람이 부쩍 늘었다. 힘들게 체중을 줄였지만 건강을 잃게 된다면 아무 의미가 없다. 특히 저체온증인 사람은 근육량을 줄여서 살을 빼면 건강을 잃게 되는 경향이 있다. |
|---|---|
| ▼ | |
| B<br><br>결정적 계기를<br>쓴다(상품ㆍ서비스<br>를 소개한다) | 〈근육으로 아름다운 몸매 만들기〉를 콘셉트로 하는 '슬림&샤프'는 근육량을 늘려서 신진대사를 활성화시키는 프로그램인데, 체온을 올리기 위한 새로운 감각의 다이어트 방법이다. 하루에 10분만 투자하면 할 수 있는 간단한 근육 트레이닝과 근육 만들기에 도움이 되는 재료를 이용한 |

'아미노산 푸드 레시피'를 제공한다. 운동과 식사를 병행하면서 건강을 해치지 않고 체중을 줄이는 다이어트를 지도한다.

▼

C

진화 및 성장 내용을 쓴다
(상품·서비스를 이용함으로써 얻게 되는 메리트)

지도를 받고 나면 혈액순환이 개선되고 기초대사량이 높아지며 평균 체온도 상승한다. 기초대사에 필요한 에너지 소량이 늘어남에 따라 건강하게 체중을 줄일 수 있다. 평균 체온이 1도 상승하면 면역력이 5배나 높아진다고 한다. 따라서 감기나 병에 걸리지 않을 뿐 아니라 저체온으로 생기는 피로, 냉증, 두통, 생리통 등의 개선 효과도 기대할 수 있다.

▼

D

밝은 미래에 대해 쓴다

〈근육으로 아름다운 몸매 만들기〉는 외적인 아름다움뿐만 아니라 내면의 아름다움, 나아가 건강하고 아름다운 인생을 디자인하는 일이다. 만약 여러분이 건강과 아름다운 몸매, 2가지를 다 얻고 싶다면 근육 운동으로 시작하는 몸만들기를 시도해보는 것은 어떨까?

A의 '마이너스 요인'에서 제시한 '고민과 문제점'을 읽었을 때 서비스의 타깃이 되는 사람들이 '이것은 내 얘기야!'라고 생각하게 만드는 것이 중요하다. A 문장을 '내 일'로 받아들이는 사람은 흥미를 갖고 이어지는 내용을 계속 읽는다.

B의 '결정적 계기'에서는 고민 해결을 도와줄 상품·서비스를 소개하며 상품의 특징과 장점을 자세히 알려준다.

C '진화 및 성장'은 상품·서비스를 구매하는 사람들이 얻을 수 있는 메리트에 대한 내용이다. 여기서 말하는 메리트야말로 돈을 지불할 만한 '가치'다. 가령 3만 원짜리 상품이라고 한다면 이 부분에서 '3만 원 이상의 가

치가 있는 상품'이라는 생각을 갖게 만들 필요가 있다.

D의 '밝은 미래' 부분에서는 기분 좋은 리뷰를 남김과 동시에 구입을 망설이는 사람들의 등을 살짝 밀어주자.

세상의 수많은 광고 카피가 상품과 서비스의 설명이나 특징 소개에만 열을 올리고 있다. 그러다보니 타깃층의 흥미와 관심을 갖게 만드는 데 실패해서 상품을 '구입하게 만드는' 목적을 달성하지 못한 채 끝나고 만다.

공감 형을 사용한 광고 카피라면 독자들의 '고민'으로 시작해서 '효과(고민이나 문제점 해결)'의 흐름으로 움직이기 때문에 타깃층(구매 예상 고객)을 무의식적으로 끌어들일 수 있다. 따라서 타깃층이 '광고에 말려들었다'라는 느낌 없이 상품의 필요성을 깨닫게 만든다.

광고 카피를 작성하는 사람은 실제 템플릿의 사용 여부와 상관없이 한 번쯤은 공감 형 템플릿을 적용해서 아웃풋을 만들어볼 것을 권한다. 그러면 광고 카피에 필요한 소재(정보)를 효율적으로 손에 넣을 수 있다.

---

SNS에서 유용한 꿀팁 ⑩

**'재퍼넷 타카타'에서 배우는 스토리 전개 방법**

통신판매 업체로 잘 알려진 '재퍼넷 타카타(japanet TAKATA)'의 타카타 사장(현재는 퇴임)의 박진감 넘치는 말투에 자기도 모르는 사이에 물건을 산 사람이 적지 않다. 그의 말투 특징은 처음에 툭 하고 던지는 멘트 '○○(으)로 고민하고 계시지는 않으신가요?'이다. 이 한마디로 시청자들은 자기 안에 있는 마이너스 요인(고민이나 문제점)을 깨닫는다. 그리고 상품이 결정적 계기가 되어 밝은 미래로 향하는 모습을 보여준다. 이것이야말로 공감 형의 왕도다. 따라서 SNS를 통해 상품이나 서비스를 소개할 때도 이런 전개를 사용하면 틀림없이 성공할 것이다.

# 공감 형 템플릿으로 한 줄 쓰기 연습

당신의 인생에서 가장 큰 터닝 포인트는 무엇이었는가? 터닝 포인트 이전과 이후에 무엇이 바뀌었는지를 공감 형 템플릿으로 써보자. D의 '밝은 미래에 대해 쓴다'에서는 그 경험을 통해서 당신이 얻은 교훈을 메시지로 전달해보자.

A | 마이너스 요인을 쓴다(예전의 나는 ○○이었다)

_____

_____

B | 결정적 계기를 쓴다(어느 날 이런 △△을 만났다)

_____

_____

C | 진화 및 성장 내용을 쓴다(나는 이런 식으로 변했다)

_____

_____

D  밝은 미래에 대해 쓴다(이 경험으로 얻은 것은 □□였다)

_____

_____

# 제5장

# 장문은
# 복합형 템플릿으로 쓰자

마지막으로 지금까지 소개한 3개의 템플릿을 조합하는
한 단계 위의 테크닉을 소개한다. 템플릿을 조합하는 방법을
마스터하면 아무리 긴 글도 걱정 없이 쓸 수 있다!

# 템플릿은
# 조합이 가능하다

지금까지 '열거 형'과 '결론우선 형', '공감 형' 이렇게 3가지 템플릿을 소개했다. 만약 긴 글을 쓰고 싶을 때는 세 템플릿을 혼합한 복합 형을 사용하면 된다.

글이 길어지면 아무래도 이야기가 본궤도에서 벗어나고 횡설수설하기 쉽다. 따라서 긴 글을 쓸 때는 정보의 산만함을 제어하는 역할을 해주는 템플릿이 필요하다. 일반적으로 열거 형이나 결론우선 형은 좌뇌 형(논리적으로 생각하는 사람)에게, 공감 형은 우뇌 형(정서와 감정이 풍부한 사람)에게 잘 맞는다. 하지만 2가지를 조합하면 좌뇌 형, 우뇌 형 상관없이 모든 타입에게 잘 맞는다.

그렇다고 마구잡이로 조합하는 것은 아니다. 글의 목적이나 전하려는 메시지, 독자에게 남기고 싶은 인상, 각각의 템플릿이 지닌 효과 등을 감안하여 가장 최상의 조합을 선택한다.

## 복합형 템플릿 예 ①
# 공감 형+결론우선 형

가장 먼저 소개할 것은 공감 형 안에 결론우선 형을 혼합한 스타일이다. 공감 형의 'B : 결정적 계기를 쓴다' 파트에 결론우선 형을 조합하는 구조다.

수필풍의 구체적인 예를 소개한다. 주제는 '새로운 열사병 예방법 〈손바닥 차게 하기〉의 놀라운 효과'다.

187

먼저 한 줄 쓰기로 전체 흐름을 파악한다.

| | |
|---|---|
| A<br><br>마이너스 요인을<br>쓴다 | 올여름에는 혹독한 무더위가 이어지는 바람에 여러 번 열사병에 걸렸다. |

▼

| | |
|---|---|
| B<br><br>결정적 계기를<br>쓴다 | (B-a 결론을 쓴다)<br>뉴스를 통해서 손바닥을 차게 하면 열사병 예방이 된다는 사실을 알게 되었다.<br>(B-b 이유 및 근거를 쓴다)<br>손바닥에 있는 AVA(arteriovenous anastomosis 동정맥문합)를 차갑게 하면 몸의 중심부 온도(심부 체온)가 내려가기 때문이다.<br>(B-c 구체적인 예 · 상세 내용을 쓴다)<br>방법은 차가운 페트병을 손바닥으로 꽉 쥐고 있기만 하면 된다. 효과는 이미 TV 프로그램을 통해서 검증되었다. |

▼

| | |
|---|---|
| C<br><br>진화 및 성장<br>내용을 쓴다 | 차가운 페트병을 쥐고 있는 것만으로도 열사병에 걸리지 않는다. |

▼

| | |
|---|---|
| D<br><br>밝은 미래에<br>대해 쓴다 | '손바닥 차게 하기'는 매우 효과적인 열사병 예방법이다. |

다음에는 글을 부풀리기 한다.

| | |
|---|---|
| A<br><br>**마이너스 요인을<br>쓴다** | 올여름에는 혹독한 무더위 때문에 고생이 이만저만이 아니었다. 집 밖으로 한 발만 나가도 후끈한 열기 때문에 5분도 서 있을 수 없을 지경이었다. 그래서인지 두통과 어지럼증, 구토 등 열사병 증세가 여러 차례 나타났다. 원래 더위를 잘 타는 체질인 내게 올여름은 정말이지 매일매일 고난의 연속이었다. |

▼

| | |
|---|---|
| B<br><br>**결정적 계기를<br>쓴다** | (B-a 결론을 쓴다)<br>그러던 어느 날 뉴스를 통해서 '손바닥을 차게 하면 열사병을 막을 수 있다'는 사실을 알게 되었다. 목이나 겨드랑이가 아니라 '손바닥'이라는 사실에 놀라움을 금치 못했다.<br>(B-b 이유 및 근거를 쓴다)<br>이유는 손바닥에 체온조절을 하는 AVA(arteriovenous anastomosis 동정맥문합)라는 혈관이 있는데 그 혈관을 차게 하면 몸의 중심부 온도(심부 체온)가 내려가기 때문이라는 것이다.<br>(B-c 구체적인 예 · 상세 내용을 쓴다)<br>손바닥을 차게 하는 방법은 간단하다. 차갑게 냉장한 페트병을 손바닥으로 꽉 쥐고 있기만 하면 된다. 실제로 뉴스에서 실험을 했는데 섭씨 37도가 넘는 폭염 속에서 맨손으로 800미터를 걸었을 때와 차가운 페트병을 손에 쥐고 걸었을 때의 체온 변화를 비교해보았다. 결과는 전자의 체온이 섭씨 37.9도였고 후자의 체온이 섭씨 37.5도였다. 페트병을 손에 쥔 쪽이 맨손으로 걸은 쪽보다 섭씨 0.4도 낮게 나타난 것이다. |

▼

| C | 뉴스를 본 이후부터 나는 무더운 날에는 반드시 찬물을 담 |
|---|---|
| 진화 및 성장 내용을 쓴다 | 은 페트병을 손에 쥐고 다녔다. 그랬더니 예전보다 몸에 열이 덜 나고 속이 메스꺼운 증세도 훨씬 줄어들었다. 손바닥을 차게 하는 것만으로도 이런 효과가 나타나다니 정말 상상도 하지 못했다. |

▼

| D | 올해 여름 7월 29일부터 8월 11일까지 2주간에 걸쳐 전국에 |
|---|---|
| 밝은 미래에 대해 쓴다 | 서 약 3만 명이 열사병과 같은 온열 질환으로 구급차에 실려 갔다고 한다. 그중에는 사망한 사람도 적지 않다고 한다. 뉴스를 접할 때마다 가슴이 아프다. '손바닥 차게 하기'라는 아주 간단하면서도 효과 높은 열사병 예방법이 세상에 널리 알려져서 더 이상 희생자가 생기지 않기를 바란다. |

'손바닥 차게 하기'라는 열사병 예방법에 대해서 이론적으로 설명하는 데 그치지 않고 '열사병으로 고통받았다 → 고민이 해소되었다'는 식으로 글쓴이 자신의 체험담(스토리)을 이야기함으로써 글을 읽는 이가 공감할 수 있는 글이 되었다. 전체적으로는 상승 곡선을 그리는 스토리 라인을 만들면서 결정적 계기가 된 '손바닥 차게 하는 방법'에 대해서는 결론우선 형을 이용함으로써 설득력 강한 글이 완성되었다.

특히 중요한 것은 B-b의 '이유 및 근거' 부분이다. 만약 '손바닥을 차게 하는 이유' 부분이 없었다면 글을 읽었을 때 '왠지 고리타분한 방법이네' 또는 '손바닥을 페트병으로 쥐는 것만으로 열사병이 예방될 리 없지'라는 식으로 부정적인 반응을 보일지도 모른다. 마음에 울림을 주는 '공감 형'과 이해와 납득의 정도를 높여주는 '결론우선 형'을 조합하는 방법은 여러 유형의 사람들에게 흥미와 관심을 끌 수 있는 접근 방식 중 하나다.

## 의성어 · 의태어를 구사해서 현장감 넘치는 글을 쓰자

SNS에서 스토리를 쓸 때 의성어 · 의태어 등을 사용하면 표현력이 좋아진다. '작은 새가 지저귀는 소리가 들렸다'보다는 '짹짹짹 하며 작은 새가 지저귀는 소리가 들렸다'라고 쓰는 것이 더 리얼하다. 마찬가지로 '책상 모서리에 무릎을 부딪쳐서 아팠다'보다는 '책상 모서리에 쿵 하고 무릎을 부딪쳐서 나도 모르게 '윽!' 하는 신음 소리가 터져 나왔다'라고 쓰는 것이 훨씬 더 현장감이 느껴진다. '배가 고프다'보다는 '배에서 꼬르륵 소리가 5초 정도 계속 났다'라고 쓰는 것이 더 생생한 느낌이 든다. 의성어와 의태어를 잘 활용하면 '언어로 쓰고 영상으로 전달한다'라고 하는 상급자 수준의 글쓰기도 가능하다.

복합형

# 복합 형 템플릿 예 ②
## 결론우선 형+공감 형

복합 형 템플릿 예 ①은 전체를 공감 형으로 마무리하면서 일부에 결론 우선 형을 집어넣은 형태였다. 전체 내용을 공감 형으로 썼기 때문에 감정 적이고 정서적인 면이 부각된 글이라고 할 수 있다. 같은 내용의 글이라도 전체를 결론우선 형으로 쓰고 일부에 공감 형을 집어넣는 것도 가능하다. 앞의 글보다 논리성이 더 부각된 글로 완성된다.

| A 결론을 쓴다 | 어제 뉴스를 통해서 '손바닥을 차게 하면 열사병을 막을 수 있다'는 사실을 알게 되었다. 목이나 겨드랑이가 아니라 '손바닥'이라는 사실이 충격적이었다. |
|---|---|
| ▼ | |
| B 이유 및 근거를 쓴다 | 이유는 손바닥에는 체온을 조절하는 AVA(arteriovenous anastomosis 동정맥문합)라는 혈관이 있는데 그 혈관을 차게 하면 혈액의 온도, 나아가서 몸의 중심부 온도(심부 체온)를 내려준다는 것이다. |
| ▼ | |
| C 구체적인 예·상세 내용을 쓴다(1) | 손바닥을 차게 하는 방법은 간단하다. 차갑게 냉장한 페트병을 손바닥으로 감싸 쥐면 된다. 뉴스에서는 섭씨 37도가 넘는 날, 맨손으로 800미터를 걸었을 때와 페트병을 손에 쥐고 걸었을 때의 체온 차이를 비교하는 실험을 했는데 그 결과 전자의 체온이 섭씨 37.9도였고, 후자의 체온이 섭씨 37.5도 |

였다. 페트병을 손에 쥔 쪽이 맨손으로 걸었던 쪽보다 섭씨 0.4도 낮게 나타난 것이다.

▼

C
구체적인 예·
상세 내용을
쓴다(2)
(공감 형 사용)

사실 올여름에 나도 폭염에 몹시 시달렸다. 두통과 어지럼증, 구토 등 열사병 증세가 여러 차례 나타났다. 뉴스를 보고 흥미가 생긴 나는 시험 삼아 걸을 때 차가운 페트병을 손에 쥐고 걸었다. 그랬더니 예전보다 몸에 열이 덜 났고 어지럼증 같은 증세가 거의 나타나지 않았다. 손바닥을 차게 하는 방법이 이토록 효과가 좋으리라고는 상상도 하지 못했다.

▼

D
정리

올여름은 7월 29일부터 8월 11일까지 2주간에 걸쳐 전국에서 약 3만 명이 열사병과 같은 온열 질환으로 구급차에 실려 갔다고 한다. 그중에서 사망한 사람도 적지 않다고 한다. 그런 뉴스를 접할 때마다 가슴이 아프다. '손바닥 차게 하기'라는 아주 간단하면서도 효과 높은 열사병 예방법이 세상에 널리 알려져서 더 이상 희생자가 생기지 않기를 바란다.

복합 형

이 예문은 앞의 글과 같은 내용이지만 글을 읽었을 때의 인상이나 느낌은 조금 다르다. 체험담을 뒷받침하는 이론을 기술하고 있는 '공감 형 +결론우선 형' 쪽이 마음에 울림을 주는 글인 반면, 이론을 뒷받침하는 것으로 체험담을 기술한 '결론우선 형+공감 형' 쪽은 이성적으로 납득이 되는 글이다. 아주 미세한 차이지만 글을 싣는 곳이 개인 블로그라면 전자가, 비즈니스 회보 기사라면 후자가 좋다. 이렇게 글의 목적이나 독자의 속성, 전달하려는 메시지 등에 따라 구분해서 템플릿을 사용한다면 더할 나위가 없을 것이다.

복합 형 템플릿 예 ③

# 결론우선 형+열거 형+공감 형

이번에는 결론우선 형 안에 열거 형과 공감 형을 혼합한 스타일이다. B
의 '이유 및 근거를 쓴다'에서는 열거 형을, C의 '구체적인 예ㆍ상세 내용을
쓴다'에서는 공감 형을 사용한다.

A  결론을 쓴다
▼
B  이유 및 근거를 쓴다
    └ B-a 메시지를 한 줄로 요약한다
    └ B-b 열거 포인트 1
    └ B-c 열거 포인트 2
    └ B-d 열거 포인트 3
▼
C  구체적인 예ㆍ상세 내용을 쓴다
    └ C-a 마이너스 요인을 쓴다
    └ C-b 결정적 계기를 쓴다
    └ C-c 진화 및 성장 내용을 쓴다
▼
D  정리

먼저 한 줄 쓰기로 전체 흐름을 파악한다.

| A | 우리 회사에 '5S' 도입을 제안한다. |
|---|---|
| **결론을 쓴다** | |

▼

| B | (B-a 내용을 한 줄로 요약한다) |
|---|---|
| **이유 및 근거를 쓴다** | '5S' 도입을 제안하는 주된 이유는 다음의 3가지다. |
| | (B-b 열거 포인트 1) |
| | 첫째, 업무 효율성과 생산성이 높아진다. |
| | (B-c 열거 포인트 2) |
| | 둘째, 다양한 문제 해결에 도움이 된다. |
| | (B-d 열거 포인트 3) |
| | 셋째, 직원들에게 좋은 영향을 준다. |

▼

| C | (C-a 마이너스 요인을 쓴다) |
|---|---|
| **구체적인 예 · 상세 내용을 쓴다** | 이전 직장에서는 창고 환경이 엉망이었고 직원들의 인간관계도 원활하지 않았다. |
| | (C-b 결정적 계기를 쓴다) |
| | '5S'를 도입해서 창고의 정리 정돈과 객실 청소 시스템 개선에 주력했다. |
| | (C-c 진화 및 성장 내용을 쓴다) |
| | 창고의 비효율성이 줄고 객실 청소 작업의 효율성이 크게 향상되었다. 투숙객도 늘었다. |

▼

| D | '5S'를 도입하면 직장 내 여러 문제가 해결된다. |
|---|---|
| **정리** | |

복합형

다음에는 부풀리기로 글을 완성한다.

| A<br>결론을 쓴다 | 우리 회사에 '5S' 도입을 제안합니다. '5S'란 정리하기, 정돈하기, 청소하기, 청결 유지하기, 청결 교육 5가지를 말합니다. 일반 사무실을 비롯해서 공장, 음식점, 건축 현장, 의료 시설에 이르기까지 '5S' 시스템을 도입한 곳이 많습니다. |
|---|---|

▼

| B<br>이유 및 근거를<br>쓴다 | (B-a 메시지를 한 줄로 요약한다)<br>'5S' 도입을 제안하는 주된 이유는 다음의 3가지입니다.<br>(B-b 열거 포인트 1)<br>첫 번째는 내 신변을 정리 정돈함으로써 불필요한 시간과 노력이 줄어들고 업무 효율성과 생산성이 향상되기 때문입니다. 예를 들면 자료를 찾지 못해 헤매는 것은 비효율적이며 비생산적입니다. 자료 찾는 시간을 줄이면 자연히 업무의 효율과 생산성이 향상됩니다.<br>(B-c 열거 포인트 2)<br>두 번째는 '5S'가 다양한 문제 해결에 도움이 되는 만능 도구이기 때문입니다. 예를 들면 인간관계에서 생기는 소통 경색을 없앤다면 오해가 줄고 직원 간의 결속력도 다질 수 있습니다.<br>(B-d 열거 포인트 3)<br>세 번째는 직원들에게 미치는 영향입니다. 예를 들면 사무실이 지저분하고 여기저기에 쓰레기가 흩어져 있으면 업무도 대충해도 된다는 의식이 싹트게 됩니다. 반면에 깨끗하게 정돈되어 있으면 업무도 깔끔하게 처리해야겠다는 긴장감이 생깁니다. '5S' 정신은 직원들의 마인드를 컨트롤해서 의욕을 불러일으킵니다. |
|---|---|

▼

| C<br>구체적인 예 ·<br>상세 내용을<br>쓴다 | (C-a 마이너스 요인을 쓴다)<br>저의 경우, 전 직장인 호텔리어 시절에 '5S' 효과를 몸소 실감했습니다. |
|---|---|

당시에 객실을 청결하게 유지하는 것이 고객 유치의 필수 조건이었는데 좀처럼 종래의 방식을 바꾸지 못했습니다. 특히 엉망인 창고 환경과 정리 체계가 잡혀 있지 않았고 직원들 간의 연대도 공고하지 않았습니다. 그러다보니 객실 청소도 엉망이 되기 일쑤였습니다.

(C-b 결정적 계기를 쓴다)

어느 날 총지배인의 말 한마디로 '5S'를 실시하게 되었습니다. 특히 강조한 것이 고객의 눈에 띄지 않는 창고 정리 정돈이었습니다. 불필요한 것을 깨끗이 정리하고 객실 청소 시스템도 대담하게 혁신했습니다.

(C-c 진화 및 성장 내용을 쓴다)

창고 정리로 불필요한 부분이 말끔하게 정리되어 직원 간의 유대감이 강화되었고 객실 청소 작업의 효율성이 크게 높아졌습니다. 인터넷 상의 이용 후기에서도 '객실이 청결하다'는 평가가 늘면서 투숙객이 늘어났습니다.

▼

D
정리

지금까지 살펴본 것처럼 '5S'는 단순히 '청소'만을 의미하는 것이 아닙니다. 업무에 필요한 것을 선택하고 업무 편의를 도모하기 위해 정돈함으로써 직장 내에 존재하는 다양한 문제점을 개선하는 활동입니다.

이 시스템을 우리 회사에 도입하게 되면 업무 효율성 및 생산성 향상은 물론 직원들 간의 연대가 좋아지고 나아가 직원 개개인의 동기부여도 높아지는 등 여러 효과를 기대할 수 있습니다. '5S' 제도를 적극 검토해주실 것을 부탁드립니다.

복합형

B의 '이유 및 근거' 부분에서 열거 형을 사용해서 '5S' 시스템 도입을 제안하는 3가지 이유를 열거했다. 아무리 뛰어난 제안도 도입 이유가 하나에

그친다면 아무래도 설득력이 떨어진다. 3가지 또는 4~5가지 정도의 이유를 들 수 있다면 그만큼 설득력은 높아진다.

물론 열거 형이기 때문에 처음에는 "5S 도입을 제안하는 이유가 3가지 있습니다"라고 말하면서 열거하는 수를 제시하는 것이 가장 좋다. 그러면 글을 읽는 사람도 안심하고 이어지는 내용을 따라가게 된다.

C의 '구체적인 예·상세 내용'에서는 구체적인 예로 공감 형의 체험담을 썼다. 이론만으로 납득할 수 없는 사람도 실제 사례(에피소드)를 접하면서 쉽게 설득당한다. 공감 형을 사용할 때 중요한 것은 상승 곡선을 그리는 것이다. 그런 점에서 '지저분한 창고→ 정리 정돈되어 깔끔해졌다→ 객실 청소의 질과 속도가 빨라졌다'는 식의 스토리는 설득력이 있다.

참고로 여기서 조금 더 글을 부풀리고 싶을 때는 어떻게 하면 될까? 한 예로 다음과 같은 방법이 있다.

## 글 부풀리기 방법 ①

A의 '결론'에서는 '5S'에 대해서 자세하게 설명하고 있다. 이때 열거 형(조항 쓰기)을 사용하면 글을 읽는 사람이 이해하기가 한결 쉽다. 즉, B의 '이유 및 근거'에서뿐만 아니라 A의 '결론'에도 열거 형을 집어넣는다.

> 우리 회사에 '5S' 도입을 제안합니다. '5S'란 정리하기, 정돈하기, 청소하기, 청결 유지하기, 청결 교육의 5가지를 말합니다. 각각의 특징은 다음과 같습니다.
>
> • 정리하기 : 불필요한 것을 버리는 일
> • 정돈하기 : 필요한 것을 사용하기 편하게 만들어 표시하는 일

- 청소하기 : 점검을 겸해서 깔끔하게 청소하는 일
- 청결 유지하기 : 정리 · 정돈 · 청소를 유지하고 깨끗한 상태를 유지하는 일
- 청결 교육 : 주변을 깨끗이 정리 정돈하는 일을 습관화하도록 교육하는 일

일반 사무실을 비롯해서 공장, 음식점, 건축 현장, 의료 시설에 이르기까지 '5S' 시스템을 도입한 곳이 많습니다. (이하 동문)

## 글 부풀리기 방법 ②

C의 '구체적인 예 · 상세 내용'에서는 공감 형을 사용해서 체험담을 기술하고 있다. 이것은 이른바 '구체적인 예' 부분이다. 이어서 '상세 내용'을 더하면 더욱 설득력이 높아진다.

상세 내용이므로 회사에 '5S' 시스템을 도입하면 어떤 방법으로 추진할 것인지 제안하는 것도 하나의 방법이다.

복합 형

창고 정리로 불필요한 부분이 말끔하게 정리되어 직원 간의 유대감이 강화되었고 객실 청소 작업의 효율성이 크게 높아졌습니다. 인터넷 상의 이용 후기에도 '객실이 청결하다'는 평가가 이어져서 투숙객이 늘어났습니다.
만약 우리 회사에서 '5S' 시스템을 도입하게 되면 구체적으로 무엇을 하면 좋을지 4가지 아이디어를 정리해보았습니다.

- 우선 서고의 공문서 및 여러 자료를 프로젝트별로 정리합니다. 최근 3년간 한 번도 사용하지 않은 자료에 대해서는 처분을 검토합니다.
- 다음으로 현재 각 층별로 흩어져 있는 재고를 1층 반입 · 반출 룸에서 일괄 관리합니다. 포장과 발송 라인을 일원화합니다.

- 또한 월요 조회 이후에는 전사(全社)적 차원에서 일제히 10분간 청소 타임을 갖습니다. 정리 정돈이 습관되면 '5S' 의식으로 한 주를 쾌적하게 시작할 수 있습니다.
- 이외에도 6개월에 한 번, '5S' 시행에 대해 평가하고 표창합니다. 월요 조회의 '청소 타임'뿐 아니라 평소에도 꾸준히 '5S 의식'을 높게 유지하는 팀을 선발해서 표창합니다.

처음에 제시한 제안 '우리 회사에 '5S' 도입을 제안한다'를 심화시키는 구체적인 안을 기술함으로써 읽는 사람의 이해와 납득 정도가 더욱 커진다. 이 제안은 실현 가능성이 높고 효율성과 생산성이 확실하게 향상될 내용이어야만 한다. 그렇지 않으면 제안이 채택되지 않을 가능성이 크다.

위의 글에서 구체적인 방법을 제시할 때도 열거 형을 사용했다. '4가지 아이디어를 정리해보았습니다'라고 쓴 후 각각의 아이디어를 열거한다. '우선~/다음으로~/또한~/이외에도~'의 흐름은 열거 형에 자주 사용되는 접속어 패턴 중 하나다. 패턴을 사용할 경우, 일반적으로 '우선~'으로 전달하는 사안의 중요도가 가장 높고 '이외에도~'로 전달하는 사안의 중요도는 가장 낮다.

참고로 B의 '이유 및 근거'에서 이미 '첫 번째는~/두 번째는~/세 번째는~'이라는 접속사를 사용했다. 같은 글 안에서 똑같은 접속사를 두 번 사용하는 것은 그다지 바람직하지 않다. 그래서 C에 추가한 열거 포인트에는 '우선~/다음으로~/또한~/이외에도~' 패턴을 사용한 것이다.

# 결론우선 형+열거 형으로 한 줄 쓰기 연습

당신이 지금 빠져 있는 '원픽(my one pick 으뜸)'에 대해서 '결론우선 형+열거 형' 복합 형 템플릿으로 써보자. 결론을 먼저 쓴 후 이유를 쓰는 파트에서 열거 형을 사용해서 쓴다. 구체적인 예·상세 내용 쓰기 파트에서 체험담을 쓰고 싶으면 공감 형을 사용해도 좋다.

A | 결론을 쓴다(당신의 원픽에 대해서 쓴다)

나의 원픽은                   이다.

B | 이유 및 근거를 쓴다(왜 그 '원픽'에 빠졌는지 열거 형을 사용해서 이유를 3가지 쓴다)

B-a 메시지를 한 줄로 요약한다

                          에 빠진 이유는 3가지다.

B-b 열거 포인트 1(이유 중 하나는 ～이다)

B-c 열거 포인트 2(두 번째는 ～이다)

B-d 열거 포인트 3(세 번째는 ～이다)

C | 구체적인 예·상세 내용을 쓴다(방법, 순서, 체험담 등 '원픽'에 대해서 자세하게 쓴다. 체험담이면 공감 형을 사용해도 좋다)

D | 정리(예 : '원픽'을 타인에게 권한다)

# 템플릿 유형별 도움되는 상황 분류

특히 열거 형, 결론우선 형은 활용도가 높고 같은 상황에서도 구분해서 사용할 수 있지만 여기서는 대표적으로 쓸 수 있는 경우를 소개한다.

[열거 형]

전달하려는 것이 여러 가지일 때(예 : 상품의 특징이 여러 개 있다)

질문 사항이나 확인 사항이 여러 개일 때

상의한 내용을 정리해서 기술할 때

스트레스 없이 이해받기를 원할 때

복잡하게 얽힌 정보를 정리해서 전달하고 싶을 때(예 : ○○의 안내문)

○○의 프로세스(흐름)를 전달하고 싶을 때(예 : ○○ 만드는 법/ ○○까지의 길 안내)

○○을/를 요약해서 정리할 때

같은 종류의 정보가 많을 때

식순(이벤트 진행 순서)을 쓸 때

대량의 포인트를 엄선해서 기술할 때

○○을/를 묘사할 때(예 : 깨달음/배움/아이디어/장점 · 단점/메리트 · 디메리트)

To Do 리스트를 쓸 때


[결론우선 형]

분명하게 전달하고 싶은 사안이 하나 있을 때

하나의 주제를 심층적으로 전달하고 싶을 때

논리적으로 전달하고 싶을 때

이해도를 높이고 싶을 때

납득을 받고 싶을 때

설득력을 높이고 싶을 때

○○을/를 보고할 때

○○을/를 설명할 때

○○을/를 상담할 때

○○을/를 알릴 때

○○의 주의를 촉구할 때

○○을/를 추천하고 싶을 때

○○에 대해서 의문을 남기기 싫을 때

에세이나 리포트를 쓸 때


[공감 형]

공감을 이끌어낼 때

감동시키고 싶을 때

감정이입시키고 싶을 때

○○의 체험담을 이야기하고 싶을 때

○○의 에피소드를 이야기하고 싶을 때

○○의 안내를 할 때

흥미나 관심을 끌고 싶을 때

각본을 쓸 때(예 : 만화/연극/영화)

줄거리를 쓸 때(예 : CM 대본/동영상의 줄거리)

제품이나 서비스를 팔고 싶을 때

고객을 유치하고 싶을 때

독자의 머릿속에 ○○ 이미지를 투영시키고 싶을 때

자신 또는 회사의 프로필을 쓸 때

동화나 소설을 쓸 때

이해하기 쉬운 예화를 쓸 때

누군가에게 무언가를 의뢰할 때

○○의 제안이나 기획을 할 때

책을 다 읽고 당신은 지금 글이 쓰고 싶어서 몸이 근질근질해지지 않았
나요? 왜냐하면 당신은 글을 쓰는 데 필요한 레시피 즉, 3가지 템플릿을
손에 넣었기 때문입니다. 머리를 짜내서 제로 상태에서 문장을 만드는 것
은 말처럼 쉬운 일이 아닙니다. 하지만 템플릿의 각 파트에 문장을 대입하
는 것은 그다지 어려운 일이 아닙니다. 문장 구성에 대해서 이것저것 고민
할 필요가 없기 때문이죠.

템플릿 ① 스트레스 없이 읽을 수 있는 '열거 형'
템플릿 ② 설득력이 높아지는 '결론우선 형'
템플릿 ③ 공감대가 생기는 '공감 형'

3가지 글쓰기 레시피는 앞으로 다양한 글을 쓸 때 당신의 '평생 파트너'
가 되어 줄 것입니다. '글의 종류'나 '글을 쓰는 목적', '대상 독자' 등을 판별
하면서 그때그때 적절하게 활용하시기 바랍니다.

템플릿을 사용해서 쓰는 글은 항상 '글을 읽는 독자에게 친절한 글'입니
다. 왜냐하면 글을 읽는 사람이 받아들이기 쉬운 흐름으로 프레임을 짜기
때문입니다. 당신이 템플릿을 사용해서 글을 쓰는 한 글을 읽는 독자에게

불필요한 머리를 쓰게 만드는 일은 없을 것입니다. 어떤 글이라도 스트레스 없이 술술 읽을 수 있습니다. 당신이 명심할 것은 자신감을 가지고 글을 쓰는 일뿐입니다.

3가지 템플릿을 적절하게 잘 활용할 수 있게 되었을 때 당신의 글에 납득하고 공감하는 사람들이 놀랄 정도로 늘어나 있을 것입니다. 당신은 이제 글 쓰는 일이 점점 더 즐거워질 것입니다.

글쓰기는 재능이 아닙니다. 기본과 요령을 터득하고 계속해서 많은 분량을 쓰다보면 누구나 능숙해집니다. 이 책을 통해서 기본과 요령을 전달해드렸습니다. 앞으로는 쓰면 쓸수록 나날이 글 쓰는 실력이 늘게 될 것입니다. 스스로의 진화와 성장을 기대하시기 바랍니다.

마지막으로 책을 다 읽은 당신께 말씀드립니다. 이제 책을 덮고 템플릿을 파트너로 글쓰기를 시작하세요. 당신이 쓴 글이 많은 사람에게 기쁨을 주기를 기원합니다.

– 야마구치 다쿠로

**어떤 글쓰기도 만만해지는**
**템플릿 글쓰기**

초판 1쇄 발행 2020년 11월 2일   초판 2쇄 발행 2021년 1월 13일
지은이 야마구치 다쿠로    옮긴이 한은미    감수 송숙희    펴낸이 김영범

펴낸곳 (주)북새통 · 토트출판사
주소 서울시 마포구 월드컵로36길 18 삼라마이다스 902호 (우)03938
대표전화 02-338-0117  팩스 02-338-7160
출판등록 2009년 3월 19일 제 315-2009-000018호  이메일 thothbook@naver.com

© 야마구치 다쿠로, 2019
ISBN  979-11-87444-61-9  13190

## 글쓰기에 도움이 되는 토트의 책들

신인 작가를 위한 글쓰기 실전 강의
매혹적인 이야기를 만드는 핵심 스킬

# 스토리텔링 7단계

마루야마 무쿠 지음 | 한은미 옮김

초보 작가에겐 스토리를 완성할 수 있는 테크닉과 저력을, 기성 작가에겐 잠시 잊고 있던 창의적 각성을 불러일으켜 다시 집필에 돌입할 수 있는 힘을 주는 친절한 글쓰기 매뉴얼.

드라마 쓰기 실전과 방송계의 정보를 담은
작가 지망생들을 위한 필독서

# 드라마 작법

김남 지음

한국 상황에 맞는 작품의 아이디어와 소재 발굴, 드라마 쓰기 실전 테크닉 강화 등에 대한 진지한 조언을 담은 책이다. 방송사 드라마 공모, 영화사 스토리 공모 등에 필수. 중국에서도 인기!

아마존 베스트셀러 『一言力』 저자의 역작
글쓰기, 말하기가 어려운 당신을 위한 77가지 비법

# 당신의 글에는 결정적 한방이 있는가

카와카미 테츠야 지음 | 한은미 옮김

기획서, 프레젠테이션은 물론 블로그, 자기소개서까지! 카피라이터가 아니라도, 작가가 아니라도, 한마디로 상대의 마음을 얻는 살아 움직이는 문장 쓰는 법 대공개.

옥스퍼드 대학에서 33년 간 사랑을 받고 있는
실용적인 글쓰기 바이블

## 힘 있는 글쓰기

피터 엘보 지음 | 김우열 옮김

글쓰기가 두려운 사람, 글쓰기를 주저하고 있는 사람, 글을 쓰려
고 하면 머릿속이 하얗게 비면서 막막한 사람들이 바로 시도해
볼 수 있는 실질적이고 실용적인 지침을 제시하고 있다.

당신의 글에 날개를 달아주는 글쓰기 가이드북
생각이 꽉 막혔을 때 길을 터주는

## 아이디어 블록

제이슨 르쿨락 지음 | 명로진 옮김

정체된 상상력에 시동을 걸어주는 불꽃같은 786개의 아이디어와
사진을 모아놓은 특별한 책이다. 문학사에 전설로 남은 대문호들
은 물론, 현존하는 유명 베스트셀러 작가들이 전하는 글쓰기에
관한 알찬 조언도 가득하다.

머릿속이 텅 빈 순간을 위한 최고의 제안
'창의력의 장벽'을 부수는 영감의 향연

## 크리에이티브 블록

루 해리 지음 | 고두현 옮김

창의력이 고갈된 당신에게 번뜩이는 아이디어를 제공해주는 실
용적인 책. 어느 곳을 펼치든지 넘치는 영감의 에너지가 창의력
을 충전해준다. 백만 권 이상의 책을 판매한 경험이 있는 저자 루
해리가 '창조적인 사람들'의 불꽃같은 조언을 엄선했다.